KB198450

영어말문이 저절로 트이는

영어회화
핵심패턴

CHRIS SUH

MENTORS

(초단기 영어완성 2권)

영어말문이 저절로 트이는
영어회화 핵심패턴

2024년 11월 18일 인쇄
2024년 11월 25일 발행

지 은 이 Chris Suh
발 행 인 Chris Suh
발 행 처 **MENTORS**

경기도 성남시 분당구 황새울로 335번길 10 598
TEL 031-604-0025 FAX 031-696-5221
mentors.co.kr
blog.naver.com/mentorsbook
* Play 스토어 및 App 스토어에서 '멘토스북' 검색해 어플다운받기!

등록일자 2005년 7월 27일
등록번호 제 2022-000130호
I S B N 979-11-989667-4-2
979-11-988955-6-1(세트)

가   격 15,000원(MP3 무료다운로드)

머리말

✅ 영어의 최종목표는 영어로 말하기

영어를 학습하는 최종목표는 단어나 숙어, 리스닝도 아니고 TOEIC, TOEFL도 역시 아니다. 이들은 다만 영어의 최종 종착지인 영어의사소통, 즉 영어말하기의 수단에 불과하다. 영어학습자들의 최종목표는 영어로 네이티브와 일분이든 한 시간이든 함께 말할 수 있는 능력이어야 한다. 영어가 모국어가 아닌 우리로서는 네이티브들과 달리 대화할 때 머리를 엄청 굴려야한다. 우리가 모국어인 우리말을 할 때, 다시 말해 우리말 문장을 만들 때 말하는 내용만 생각을 하고 문장을 만드는 형식적인 과정은 생각하지 않는다. 영어 네이티브들도 마찬가지이다. 하지만 영어를 후천적으로 책과 기타 수단을 통해 배우는 우리로서는 말하는 내용뿐만 아니라 "어떻게 영어문장을 만드냐?"라는 생각이 머리 속에 가득할 수밖에 없다.

✅ 영어회화도 영작이다

그래서 알고 있는 단어, 숙어, 패턴 등을 총동원해서 영어문장을 조합하려다보니 네이티브와 대화를 나눌 때 상대방의 얘기는 잘 듣지도 못한 채 머리 속으로 자기가 말 할 문장만 만드는 경우가 태반이다. 이렇게 문장을 만드는 형식적인 과정이 바로 영작이다. 영어회화가 우리에게는 영작이 되는 것은 다름아닌 바로 이런 이유에서이다. 우리가 영어회화영작을 하기 위해서는 문장의 뼈대를 이루는 패턴과 패턴에 살을 붙이는 단어나 숙어가 필요하다. 예를 들어 "너 언제 돌아오는지 알려줄래?"라는 문장을 말하고 싶으면, 먼저 "…을 알려줄래?"라는 패턴인 Could you let me know~ ?를 머리 속에서 끄집어내고 여기에 언제 돌아오는지에 해당하는 어구 when you're coming back이란 살을 붙이면 되는 것이다. 다시 말해서 Could you let me know~란 패턴과 come back이란 숙어만 알고 있으면 제대로 된 영어문장을 만들 수 있다는 것이다.

✅ 무지무지 쉬운 영어문장만들기

이 책 <영어회화 핵심패턴>은 영어회화를 할 때의 '머리 속 영작과정'을 어떻게 효율적으로 할 수 있을까라는 점에서 출발하여 기획된 책이다. 영어회화에서 가장 많이 쓰이는 영어패턴을 가지고 여기에 살을 붙여 영어문장을 만들어보는 훈련을 하도록 구성되었다. 특히 <우리말=>영어>로 만드는 과정의 노하우를 해설강의 쌤이 친절하고도 간결하게 설명을 해주고 있어, 그냥 MP3 해설강의만 들어도 영어문장을 만드는 실력이 일취월장할 것이다. 이런 훈련과정을 2시간에 걸쳐 연습하고 나면 그래서 많은 영어문장을 만들 수 있는 단계에 이르게 된다면 나중에는 네이티브와 대화시 해야 되는 영작과정이 점차 빨라지고 급기야는 자신도 모르게 네이티브처럼 영작과정없이 자연스럽게 대화를 할 수 있게 될 것이다.

이 책의 특징 및 구성

✅ 이 책의 특징

1. 영어로 의사소통을 하는데 꼭 필요한 패턴 500여 개를 집중 정리하였다.
2. 각 패턴에 대한 사용방법 및 응용표현 등을 친절하게 설명하였다.
3. 패턴을 이용한 대표문장 5개를 선정하여 수록하였으며
4. 이를 해설강의 쌤이 영어로 문장을 만들 수 있도록 노하우를 강의하였다.
5. 모든 영문은 네이티브들이 생동감있게 현장감나게 녹음하였다.

✅ 이 책의 구성

1. 엔트리문장
각 패턴에서 대표성이 강한 그래서 꼭 외워두어야 하는 문장을 선정하여 문장을 통해 패턴을 기억할 수 있도록 꾸며졌다.

2. 핵심포인트
기본패턴으로 확장 응용할 수 있는 패턴들을 일목요연하게 정리하였다. 전체적으로 500여 개에 달하는 핵심포인트만 외워도 영어문장 만들기가 훨씬 수월해질 것이다.

3. 우리말 설명
기본패턴과 핵심패턴 등을 언제 어떻게 써야 되는지 친절하게 설명하였으며 또한 해당패턴에 속하는 대표적인 문장 등을 추가 설명하여 각 패턴에 대한 이해도를 높이도록 하였다.

4. 해설강의쌤의 영작비법
각 패턴의 대표문장 5개를 선정하여 쌤이 패턴을 기본으로 어떻게 우리말을 영어로 만드는지 그 과정의 노하우와 비법을 친절하고도 간결하게 설명하면서 여러분의 적극적인 참여를 유도하였다.

5. 다이알로그
생동감있는 대화로 각 패턴들이 어떻게 실제 회화에서 쓰이는지 느낄 수 있도록 2개의 대화를 수록하였다.

이 책의 사용법

Pattern 001 난 …야[해]

I'm s

나 정

난 …야[해]

I'm so tired
나 정말 피곤해

넘버링

Section 1, 2, 3 내에서 각 패턴의 순서

엔트리문장

패턴에서 대표성을 띤 문장

✎ 핵심포인트   S=주어, V=동

I'm +N[adj] 난 …야[해]

I'm not+N[adj] 난 …아니야[하지 않

나의 정보, 나의 상태나 처한 상황 등을 상

나의 정보, 나의 상태나 처한 상황 등을 상대방에게
태로 사용하면 된다. "늦었다"는 I'm late, "미안하
그리고 "행복하다"면 I'm happy 등의 기초표현들
에 전치사나 부사가 오는 표현들로는 I'm on a d
business(출장 중이야), I'm off(오늘 비번야), I'm

핵심포인트

기본패턴을 바탕으로 응용된 패턴까지 핵심정리

우리말 설명

패턴의 사용별 등을 친절하게 설명

이럴땐 이렇게 말해야!

1   정말야.
    I'm serious.

2   정말 피곤해

A: **Chris, what are you doing on F**
B: **I'm not sure, why?**
A: 크리스, 금요일 밤에 뭐해? B:잘 모르겠는데, 왜

A: **I'm serious, she's in a really ba**
B: **I'll try to avoid her.**
A: 정말야, 걔 기분이 꽤나 안 좋은 것 같아. B: 피곤

해설강의 쌤의 영작비법

해설강의쌤이 영어문장만드는 비법을 전수하는 공간

다이알로그

생동감있는 생생대화 2개

☐ **be[get] in trouble** 곤경에 처하다, 큰일

  *get sb in trouble …을 곤경에 빠트리

  You're in trouble. 너 큰일났다.

  You will get in trouble if you d

  I'm not here to get you in trou

Supplements

패턴에 살을 붙일 때 요긴한 단어, 동사구 및 숙어
를 정리하였음

CONTENTS

CONTENTS

Section 02

이젠 영어로 Talk Talk 말할 수 있다!

CONTENTS

CONTENTS

Section 03

언제 어디서나 내 맘대로 말하기!

CONTENTS

14

CONTENTS

16

Section 01

야! 이제야 영어말문이 트인다!

Pattern 001 - 069

I'm so tired
나 정말 피곤해

 핵심포인트 S=주어, V=동사, N=명사, adj=형용사, adv=부사, prep=전치사

I'm +N[adj] 나 ···야[해]
I'm not+N[adj] 나 ···아니야[하지 않아]

나의 정보, 나의 상태나 처한 상황 등을 상대방에게 전달하는 방법으로 I'm +형용사[명사] 형
태로 사용하면 된다. "늦었다"는 I'm late, "미안하다"는 I'm sorry, "피곤하다"는 I'm tired
그리고 "행복하다"면 I'm happy 등의 기초표현들을 만들어내는 구문이다. 한편 I'm~ 다음
에 전치사나 부사가 오는 표현들로는 I'm on a diet now(다이어트 하는 중이야), I'm on
business(출장 중이야), I'm off(오늘 비번야), I'm on my way(가는중이야) 등이 있다.

> **이럴땐 이렇게 말해야!**

1   정말야.
    I'm serious.

2   정말 피곤해.
    I'm so tired.

3   길을 잃었어.
    I'm lost.

4   걱정돼.
    I'm worried.

5   혼란스러워.
    I'm confused.

> **Real-life Conversation**

A: Chris, what are you doing on Friday night?
B: I'm not sure, why?
A: 크리스, 금요일 밤에 뭐해? B:잘 모르겠는데, 왜?

A: I'm serious, she's in a really bad mood.
B: I'll try to avoid her.
A: 정말야, 걔 기분이 꽤나 안 좋은 것 같아. B: 피해 다녀야지.

I'm not good at **this**
나 이거에 능숙하지 못해

✎ 핵심포인트

I'm+adj+prep~ 나 …해
I'm not+adj+prep~ 나 … 하지 않아

"I'm+형용사[과거분사]+전치사~"의 형태로 나의 감정이나 상태를 나타내는 표현. I'm happy~에 왜, 무엇 때문에 happy한 것까지도 말하는 구문이다. be worried about, be mad at, be sorry about, be happy with, be sick of, be proud of, be good[poor] at 등의 표현들이 주로 회화에서 많이 쓰인다.

이럴땐 이렇게 말해야!

1 너한테 화가 나.
   I'm mad at[I am angry with] you.

2 난 이게 지겨워.
   I'm sick of this.

3 네가 걱정돼.
   I'm worried about you.

4 난 이거에 능숙하지 못해.
   I'm not good at this.

5 내 일에 만족을 못하겠어.
   I'm not happy with my job.

Real-life Conversation

A: I'm sorry about the accident.
B: That's OK. No damage.
A: 그 사고 안됐어. B: 괜찮아. 손해본 건 없어.

A: I got the highest score in the class!
B: Way to go! I'm so proud of you.
A: 내가 우리 반에서 제일 좋은 점수를 받았어! B: 잘했구나! 네가 정말 자랑스러워.

I'm glad you came here

네가 여기 와줘서 고마워

✎ **핵심포인트**

I'm glad to+V …해서 기뻐
I'm glad S+V …해서 기뻐
I'm glad to hear[see] S+V …들으니[보니] 기뻐

"…하게 되어 (내가) 기쁘다"라는 의미로 I'm glad to~ 혹은 I'm glad (that) S+V의 형태를
사용하면 된다. Glad to meet you에서 보듯 구어체에서는 I'm~을 생략하기도 한다. "그렇
게 하게 되어 기뻐"는 I'm glad to do that, "네가 성공해서 기뻐"는 I'm glad you made
it이라고 하면 된다. 물론 (I'm) Glad to see[hear] S+V(…를 보니[들으니] 좋아, 기뻐)라
해도 된다.

이럴땐 이렇게 말해야!

1 널 만나서 기뻐.
   I'm glad to **meet you.**

2 그 얘기를 들으니 기쁘네.
   I'm glad to **hear that.**

3 네가 그렇게 말해줘서 기뻐.
   I'm glad to **hear you say that.**

4 네가 여기 와줘서 고마워.
   I'm glad **you came here.**

5 그렇게 생각한다니 기뻐.
   I'm glad **you feel that way.**

Real-life Conversation

A: Thanks a lot for the great meal!
B: I'm glad you enjoyed it.
A: 근사한 식사 정말 잘 먹었어! B: 그랬다니 좋으네.

A: You're such a generous person.
B: I'm glad you think so.
A: 너 참 너그럽네. B: 그렇게 생각해주니 기뻐.

I'm worried about my career
내 경력이 걱정이 돼

✎ 핵심포인트

I'm worried about+N ···가 걱정돼
I'm worried (that) S+V ···가 걱정돼

무엇에 관해 걱정이 될 때 사용하는 표현으로 I'm worried~하면 "···가 걱정돼"라는 의미이고 걱정의 대상을 말하려면 I'm worried about~를 쓰면 된다. 물론 걱정이 되는 것을 자세히 말하려면 I'm worried that S+V의 구문을 사용한다.

> **이럴땐 이렇게 말해야!**

1 그게 걱정이 돼.
   I'm worried about that.

2 내 경력이 걱정이 돼.
   I'm worried about my career.

3 내 명성이 걱정이 돼.
   I'm worried about my reputation.

4 큰 실수가 되지 않을까 걱정돼.
   I'm worried it's going to be a big mistake.

5 늦을까봐 걱정돼.
   I'm worried I might be late.

> **Real-life Conversation**

A: I'm worried about Adam. He doesn't look good these days.
B: I heard his wife is asking him to divorce.
A: 아담이 걱정야. 요즘 안좋아 보여. B: 걔 아내가 이혼하자고 그런대.

A: I'm worried it's too late for us to get there on time.
B: Take it easy. They're not going to leave without us.
A: 제 시간에 도착 못할 것 같아 걱정야. B: 걱정마. 우리 없이 떠나지는 않을거야.

We're well aware of **your problem**

네 문제를 우린 잘 알고 있어

✎ 핵심포인트

I'm aware of+N …을 알고 있어
I'm aware of 의문사+S+V …을 알고 있어
Are you aware of+N[의문사 S+V]? …을 알고 있어?

be aware of~는 "…을 알고 있다," "…을 깨닫고 있다"라는 의미. be aware of~ 다음에는 명사, 또는 that절(be aware of that S+V) 그리고 의문사 절(be aware of what[how]~)이 올 수가 있다. 특히 "I'm aware of that"이 굳어진 형태로 가장 많이 쓰인다. 또한 "…사실을 알고 있다"고 하려면 be aware of the fact that S+V를 사용하면 된다.

이럴땐 이렇게 말해야!

1 내가 무슨 신세를 지고 있는지 알아.
   I'm aware of what I owe.

2 네 문제를 우린 잘 알고 있어.
   We're well aware of your problem.

3 너희 둘 모두 상황을 알고 있었잖아.
   You were both aware of the situation.

4 그거의 내력을 알고 있어?
   Are you aware of its history?

5 짐이 어떻게 지내는지 알아?
   Are you aware of what's going on with Jim?

Real-life Conversation

A: Are you aware of what time it is now?
B: Yes, I am. I'm sorry that I am late.
A: 지금이 몇시인지 알고 있어? B: 어, 알아. 늦어서 미안해.

A: Are you aware of what she said about him?
B: No. Did she say something bad?
A: 걔가 그에 대해 뭐라고 했는지 알고 있어? B: 아니. 뭐 안좋은 말을 한거야?

I'm sorry I'm late again
또 늦어서 미안해

✎ 핵심포인트

I'm sorry about[for]+N ···에 대해 미안해
I'm sorry to+V ···해서 미안해, 유감야
I'm sorry (that) S+V ···해서 미안해

I'm sorry about[for]+명사로 쓸 수도 있지만 뒤에 'to+동사'나 절이 와서 I'm sorry to+동사, I'm sorry (that)S+V의 형태로 많이 쓰인다. 기본적으로는 잘못을 사과하는 표현이지만 상대방에 안 좋은 일이 일어났을 때 위로하는 표현으로 사용되기도 한다. 응용표현으로 미안한 말을 하기에 앞서 하는 I'm sorry to say (that)~(미안한 말이지만 ···하다)과 I'm sorry to trouble you, but ~(폐를 끼쳐서 미안합니다만···) 등이 있다.

> 이럴땐 이렇게 말해야!

1 그거 미안해.
   I'm sorry about that.

2 안됐네.
   I'm sorry to hear that.

3 귀찮게 해서 미안해.
   I'm sorry to bother you.

4 또 늦어서 미안해.
   I'm sorry I'm late again.

5 미안하지만 못 갈 것 같아.
   I'm sorry I can't make it.

(**Real-life Conversation**)

A: I just found out that I got transferred.
B: I'm sorry to hear that.
A: 전근대상이 되었다는 걸 방금 알았어. B: 정말 안됐네.

A: I'm sorry I didn't get back to you sooner.
B: That's all right, I have been pretty busy as well.
A: 더 빨리 연락 못 줘서 미안해. B: 괜찮아. 나도 그동안 꽤 바빴는 걸 뭐.

I'm afraid you're wrong
네가 틀린 것 같아

 핵심포인트

I'm afraid of+N[to+V] …가 무서워, 걱정야
I'm afraid (that)S+V 안됐지만 …야

I'm afraid of+명사, I'm afraid to+동사의 형태로 "…를 두려워하거나, 걱정한다"는 의미로 쓰이지만 일상회화에서는 I'm afraid (that)S+V의 형태가 압도적으로 많이 사용된다. 그 의미 또한 무서워한다는 것이 아니라 상대방과 반대되는 이야기를 하게 될 때 혹은 상대방에게 미안하거나 불행한 이야기를 할 때 "안됐지만 …이다[아니다]"라는 뜻이다. 빈출표현인 I'm afraid so(안됐지만 그런 것 같네요), I'm afraid not(안됐지만 아닌 것 같네요)도 함께 알아둔다.

> **이럴땐 이렇게 말해야**

1 안 좋은 소식이 좀 있어.
   I'm afraid I've got some bad news.

2 뭐라 말해야 할지 모르겠네요.
   I'm afraid I don't know what to say.

3 우리가 아무것도 할 수 없을 것 같아.
   I'm afraid we can't do anything.

4 우린 이미 약속이 있어.
   I'm afraid we already have plans.

5 유방암이신 것 같아요.
   I'm afraid you've got breast cancer.

> **Real-life Conversation**

A: Could you please show me another jacket?
B: I'm afraid it's the only one that we have.
A: 다른 자켓으로 보여주시겠어요? B: 죄송하지만 저희한텐 이게 전부인데요.

A: Why don't you try mountain climbing?
B: I would be afraid to hurt myself.
A: 등산을 해보지 그래. B: 다칠까봐 걱정이 돼서.

I'm sure I can do it
난 그걸 확실히 할 수 있어

 핵심포인트

I'm sure of[about]+N ···가 확실해
I'm afraid (that) S+V ···가 확실해

sure는 영어회화에서 아주 많이 쓰이는 단어중의 하나이다. 많이 쓰이는 만큼 자세히 알아보기로 한다. 먼저 여기서는 내가 확신하고 있는 이야기를 할 때 사용되는 I'm sure of[about]~이나 I'm sure S+V의 형태를 집중적으로 확인해본다. 또한 빈출표현으로 Sure는 대답으로 "그래(Yes)"라는 의미이고 Sure thing은 역시 "물론(Of course)"이란 말이다.

이럴땐 이렇게 말해야!

1 그거 확실해.
  I'm sure about that.

2 쟤는 괜찮아질거라고 확신해.
  I'm sure she's going to be all right.

3 내가 그걸 확실히 할 수 있어.
  I'm sure I can do it.

4 그게 꼭 필요하지 않을 수도 있을거야.
  I'm sure that won't be necessary.

5 네가 누군가 찾게 될거라고 확신해.
  I'm sure you'll find someone.

Real-life Conversation

A: Do you know what country makes this product?
B: I'm pretty sure it's China.
A: 이게 어디 제품예요? B: 중국제일게 확실해요.

A: I think that you made a mistake here.
B: No, I didn't. I'm sure about that.
A: 네가 여기서 실수한 것 같아. B: 아냐, 안그랬어. 확실하다고.

I'm not sure **what you mean**
네가 무슨 말 하는지 잘 모르겠어

핵심포인트

I'm not sure of[about]+N …를 잘 모르겠어
I'm not sure 의문사+to+V …하는 걸 모르겠어
I'm not sure if[what] S+V …를 모르겠어

부정으로 자신없는 이야기를 할 때나 확신이 없을 때 I'm not sure of[about]~ 혹은 I'm not sure S+V의 형태로 사용하면 된다. 특히 I'm not sure 의문사+to+V 구문과 I'm not sure if[what] S+V 등 의문사절이 오는 구문도 함께 연습해보도록 한다. 대답으로 간단히 I'm not sure하면 "잘 모르겠는데," "글쎄"라는 뜻이고 "아직 잘 모르겠다"고 할 때는 I'm not sure yet이라고 하면 된다.

이럴땐 이렇게 말해야!

1 확실히 몰라.
   I'm not sure about that.

2 몰라. 아직 아무것도 몰라.
   I don't know. I'm not sure of anything yet.

3 그게 좋은 생각인지 잘 모르겠어.
   I'm not so sure that's a good idea.

4 내가 그걸 할 수 있을런지 모르겠어.
   I'm not sure if I can do that.

5 내가 토요일에 시간되는지 모르겠어.
   I'm not sure if I am available Saturday.

Real-life Conversation

A: Are you really thinking of going?
B: I'm not sure. I haven't decided yet.
A: 정말 갈 생각이야? B: 글쎄. 아직 결정하지 않았어

A: I'm not sure about the price of this item.
B: We can ask a clerk how much it costs.
A: 이 상품의 가격을 잘 모르겠어. B: 얼마인지 점원에게 물어보자.

You are such a **kind person**
당신은 정말 친절하시군요

✎ **핵심포인트**

You're+N[adj] 넌 …해
You're such a+N 넌 정말 …해

상대방의 상태나 신분을 말할 때 혹은 칭찬하거나 비난, 반대할 때 두루두루 쓰는 구문으로 You're+형용사[명사]의 형태로 사용하면 된다. You're+명사의 경우를 강조하려면 You're such a+명사라 하면 된다. 또한 You're welcome은 상대방이 감사하는 말을 할 때 하는 전형적인 표현으로 "뭘요," "별말씀을요"라는 의미이다. 또한 You're~ 다음에 명사[형용사]가 오지 않는 경우인 You're in trouble(너 큰일났다), You're to blame(네가 비난받아야 해)도 함께 알아둔다.

> 이럴땐 이렇게 말해야!

1 넌 해고야.
   You're fired.

2 넌 나의 가장 친한 친구야.
   You're **my best friend.**

3 네가 최고야.
   You're **the best.**

4 넌 정말 좋은 친구야.
   You're a really **nice guy.**

5 당신은 정말 친절하시군요.
   You're such a **kind person.**

⌐ **Real-life Conversation** ⌐

A: Don't be so hard on yourself.
B: You're right.
A: 너무 자책하지마. B: 네 말이 맞아.

A: If you need any help, you know where I am.
B: You're such a good friend to me.
A: 도움이 필요하면 내가 어디 있는지 알지. B: 넌 내게 참 고마운 친구야.

Are you all right?
너 괜찮아?

 핵심포인트

Are you+N[adj]? 너 …해?

반대로 상대방의 신분이나 상태를 물어보는 구문으로 Are you+형용사[명사]~? 형태를 알아본다. Are you available?은 시간약속을 정할 때 상대방의 일정이 가능한지 물어볼 때 쓰는 전형적인 표현. Are you all right?도 이 유형에 속한 표현으로 are을 생략하고 You all right?이라고 쓰이기도 하는데 이는 상대방이 괜찮은지 물어보는 표현이다. 하지만 그냥 All right?이라고 하면 문장 끝에서 자기가 한 말을 확인시킬 때 쓰는 말로 Go get some food, all right?(가서 음식 좀 사와, 알았어?)에서 처럼 "알았어?"에 해당되는 말이다.

> **이럴땐 이렇게 말해야!**

1 괜찮아?
   Are you okay[all right]?

2 정말야?
   Are you serious?

3 결혼했어?
   Are you married?

4 다했어?
   Are you finished[done]?

5 네가 피터 친구야?
   Are you a friend of Peter?

> **Real-life Conversation**

A: Are you all right?
B: Yeah, I'm fine.
A: 괜찮겠어? B: 어, 괜찮아.

A: Are you serious?
B: Sure. I mean it.
A: 정말야? B: 그럼. 정말이야.

Are you sure you want this?
이걸 원하는게 맞아?

 핵심포인트

Are you sure of[about]+N? …가 정말야? …가 확실해?
Are you sure S+V? …가 정말야?

---

sure를 이용한 의문문형태로 sure 이하의 내용이 믿기지 않거나 놀라울 때 정말인지 확인할 때 쓰는 표현이다. Are you sure of[about]~? 혹은 Are you sure S+V?의 형태로 사용하면 된다. 역시 단독으로 (Are) You sure?(정말야?)라고 많이 쓰이는데 이는 상대방의 말이 믿기지 않거나 놀라운 이야기를 들었을 때 다시 한번 확인하는 표현으로 Are you serious?, Really? 등과 유사한 의미이다.

이럴땐 이렇게 말해야!

1 그게 정말 맞아?
   Are you sure about that?

2 정말 네가 그렇게 한거야?
   Are you sure you did it?

3 파이를 원하지 않는게 맞아?
   Are you sure you don't want pie?

4 이걸 원하는게 맞아?
   Are you sure you want this?

5 정말 너 그거 할 수 있어?
   Are you sure you'll be able to do it?

Real-life Conversation

A: Are you sure you can't do it?
B: I can! I choose not to!
A: 못하는거 확실해? B: 할 수 있는데 안 하기로 한거야!

A: Are you sure there is a meeting scheduled for tomorrow?
B: Yeah. It will take place at 10 a.m.
A: 내일 회의있는게 확실해? B: 어. 오전 10시에 있어.

Are you ready to talk about this?
이 얘기할 준비됐어?

 핵심포인트

Are you ready for+N[to+V]? ···할 준비됐어?
I'm ready for+N[to+V] ···할 준비됐어

be ready for+명사[to+동사]~는 "···할 준비가 되어 있다"라는 의미. 그리고 Are you ready for+명사[to+동사]~?는 상대방에게 "···할 준비가 되었냐?"고 물어보는 표현이다. 준비가 되었다고 말하려면 I'm ready for+명사[to+동사]~라고 하면 된다. be all set 또한 be ready와 같은 의미로 (I'm) All set은 (I'm) Ready와 같은 말. 또한 Get ready하면 명령문으로 "준비해라"라는 뜻이다.

이럴땐 이렇게 말해야!

1 지금 주문하시겠어요?
 Are you ready to order now?

2 이거 지금 얘기할래요?
 Are you ready to talk about this?

3 이거 준비됐어?
 Are you ready for that?

4 지금 갈 준비됐어.
 I'm ready to go now.

5 그거 할 준비됐어.
 I'm ready to do it.

Real-life Conversation

A: Are you ready for the test?
B: I guess so. Wish me luck.
A: 시험 준비됐니? B: 어. 행운을 빌어줘.

A: What would you like to eat?
B: We're not ready to order yet.
A: 뭘 드실래요? B: 아직 결정 못 했어요.

I'm ashamed of you
난 너를 부끄럽게 생각해

 핵심포인트

I am[feel] embarrassed about+N[to+V] ···에 당황하다
I am excited about+N[to+V] ···에 신나다

I am[feel]+형용사[pp]의 구문은 앞서 배운 것이지만 이번에는 I am[feel]+pp의 구문 중에서 좀 난이도가 있는 그러면서도 회화에서 많이 쓰이는 것들을 살펴보자. "당황하다"라는 의미의 I'm embarrassed about[to+동사]~, "혼란스럽다"라는 의미의 I'm confused, "···에 신난다"라는 의미의 I'm excited about[to+동사, 절], "···을 부끄럽게 생각하다"라는 의미의 I'm ashamed of~ 등을 연습해본다.

이럴땐 이렇게 말해야!

1 난 좀 당황스러워.
   I'm kind of embarrassed.

2 너무 당황스러워서 네게 말할 수 없었어.
   I was too embarrassed to tell you.

3 정말 기대되는데!
   I am pretty excited about it!

4 걔가 여기 온다는거에 너무 기대돼.
   I'm just so excited about having her here.

5 넌 쇼핑가는거에 들떠 있어.
   You're excited about going shopping.

Real-life Conversation

A: **You stole the money. I'm ashamed of you.**
B: **I'm sorry Dad. I won't let it happen again.**
A: 돈을 훔쳤어. 부끄러운 일이야. B: 죄송해요 아빠. 다시는 안 그럴게요.

A: **I'm very excited for John to start his new job.**
B: **It sounds like he's going to be very happy with it.**
A: 존이 새로 직장을 갖게 되어서 정말 기뻐. B: 걔도 아주 기뻐할 것 같아.

I'm just looking around
그냥 둘러보는거예요

✎ 핵심포인트

I'm+~ing ···을 하고 있어, ···할거야
I was+~ing ···하고 있었어

현재진행형으로 내가 지금 ···하고 있음을 말하는 표현. 어떤 상태나 동작이 계속 진행중임을 말하거나 가까운 미래를 표현한다. "난 ···하고 있었어"라고 지나간 과거를 말할 때는 I was+~ing이라고 하면 된다.

이럴땐 이렇게 말해야!

1 사진작업을 하고 있어.
  I'm working on the photograph.

2 걔 밑에서 일해.
  I'm working for him.

3 기분이 별로 안좋아.
  I'm not feeling well.

4 그냥 둘러보는거예요.
  I'm just looking around.

5 TV를 보고 있었어.
  I was watching TV.

Real-life Conversation

A: Can I help you with anything?
B: No, thank you, I'm just looking around.
A: 뭐 도와드릴까요? B: 고맙지만 괜찮아요. 그냥 구경만 하는거예요.

A: Excuse me, I am looking for a wedding present.
B: Are you looking for anything in particular?
A: 저, 결혼선물을 살까 하는데요. B: 특별히 찾고 있는 물건이 있으신가요?

I'm going to the store
가게에 갔다 올게

 핵심포인트

I'm going to+장소 …로 가고 있어, …로 갈거야, …에 갔다 올게
I'm going+~ing …하러 가, …하러 갈거야

역시 현재진행의 한 형태로 많이 쓰이는 I'm going to+장소구문. 지금 …로 가고 있다거나 혹은 자리를 뜨면서 "…에 갔다 올게"라는 의미도 있다. 또한 가까운 미래를 나타내, "나 …로 갈거야"라는 뜻으로 쓰이기도 한다. I'm going to+동사의 형태와 헷갈리지 않도록 한다. 한편 I'm going shopping으로 유명한 I'm going+~ing은 "…하러 갈거야"라는 의미이다.

이럴땐 이렇게 말해야!

1 가게에 갔다 올게.
I'm going to the store.

2 지금 화장실 좀 갔다 올게.
I'm going to the bathroom now.

3 나 자러 간다.
I'm going to bed.

4 사업상 일주일간 중국에 갈거야.
I'm going to China for a week on business.

5 다음 주말에 낚시하러 가.
I'm going fishing next weekend.

Real-life Conversation

A: Can you give me a ride home?
B: I can, but I'm going to the bank first.
A: 집에 태워다 줄래? B: 그럼. 하지만 난 먼저 은행에 갈거야.

A: I'm going to France for a few weeks.
B: Sounds like fun.
A: 몇주 정도 프랑스에 가 있을려구. B: 재미있을 것 같은데.

I'm going to **take some time off**
좀 쉴거야

✎ **핵심포인트**

I'm going to+V …할거야
I'm about to+V 바로 …할거야

미래를 표시하는 표현으로 will만큼 회화에서 많이 쓰이는 be going to+동사는 가까운 미래에 "…할거야"라는 의미. be going to~는 조동사는 아니지만 마치 조동사처럼 쓰이는 셈. 따라서 be going to+동사의 'going'에는 '가다'라는 의미가 더 이상 없다. 또한 going to는 축약해서 gonna로 쓰고 발음된다는 것도 알아둔다. be going to보다 아주 가까운 미래에 일어날 일을 말할 때는 be about to+동사를 사용하면 된다. "바로 …할거야"라는 의미.

> **이럴땐 이렇게 말해야!**

1 프랑스로 떠날거야.
   I'm going to **leave for France.**

2 좀 쉴거야.
   I'm going to **take some time off.**

3 우리 오늘밤에 재미있게 놀거다!
   We're going to **have fun tonight!**

4 주말에 여기 있을거야?
   Are you going to **be here on the weekend?**

5 기름이 바닥이 나려고 하는데.
   We're about to **run out of gas.**

> **Real-life Conversation**

A: Alan, where are you?
B: I am sorry, but I'm going to be a little late.
A: 앨런, 어디야? B: 미안, 좀 늦을 것 같아.

A: Jack is about to go on a business trip.
B: Where is he going to travel?
A: 잭은 곧 출장을 갈거야. B: 어디로 출장을 간대?

I'm talking **to you**
내가 하는 말 좀 잘 들어봐

 핵심포인트

S+~ing 관용표현

현재진행의 형태로 굳어진 표현들이 있다. 짧지만 또 응용은 안되어서 구문이라고 할 수는 없지만 회화에서 특히 구어체 회화에서 많이 쓰이는 표현들을 정리해본다. 예로 I'm having fun은 have fun이라는 동사구를 현재진행형으로 활용한 경우로 지금 즐거운 시간을 보내고 있다는 말로 "재밌어"라는 뜻이 된다.

> **이럴땐 이렇게 말해야!**

1 말해봐, 어서 말해.
   I'm listening.

2 내가 하는 말 좀 잘 들어봐!
   I'm talking **to you!**

3 정말야, 잘 들어.
   I'm telling **you.**

4 누가 아니래.
   You're telling **me.**

5 거짓말 아니야.
   I'm not lying.

(**Real-life Conversation**)

A: David, how's it going?
B: I'm doing okay.
A: 데이빗 어떻게 지내? B: 잘 지내고 있어.

A: How can I help you?
B: Yeah, we were just looking around.
A: 뭘 도와드릴까요? B: 저기, 어 그냥 둘러보는 중이었어요.

You're talking **too much**
넌 말이 너무 많아

✎ **핵심포인트**

You're+ ~ing 너 …하고 있어
Are you+~ing? 너 …해?

You're+~ing 형태로 You're~ 다음에 동사의 ~ing가 온다는 점이 앞서 배운 You're+형용사[명사]와 다른 것으로 ~ing 자리에는 다양한 동사를 써보며 문장을 만들면 된다. 또한 Are you+ ~ing? 형태의 의문문도 회화에서 자주 쓰이니 함께 만들어 보기로 한다. 상점에서 점원이 많이 쓰는 Are you being helped?(누가 도와드리고 있나요?), 상대방에 놀랐을 때 말하는 You're scaring me(너 때문에 놀랐잖아) 또한 이 유형에 속한다.

> **이럴땐 이렇게 말해야!**

1 너 실수하고 있는거야.
   You're making a mistake.

2 넌 말이 너무 많아.
   You're talking too much.

3 너 때문에 놀랐잖아.
   You're scaring me.

4 늘상 불평야.
   You are always complaining.

5 우리랑 같이 갈래?
   Are you coming with us?

> **Real-life Conversation**

A: I'm sorry but I have to break up with you.
B: You're kidding me.
A: 미안하지만 너랑 헤어져야겠어. B: 농담마

A: Are you coming to the party tonight?
B: I can't. I have an appointment.
A: 오늘 밤 파티에 올거야? B: 안돼. 선약이 있어.

She's talking **on the phone**
걔는 전화중이야

 핵심포인트

(S)He's +~ing 걘 ···하고 있어
They're+~ing 개네들은 ···하고 있어

이번에는 내가 아니라 제 3자인 He, She, 혹은 복수인 They가 현재 뭔가 하고 있는 상황이나 가까운 미래에 할 행동 등을 말하는 법을 연습해본다. 형태는 He[She, They]+be+ ~ing의 형태를 쓰면 된다.

이럴땐 이렇게 말해야!

1 걘 지금 일하고 있어.
  He's working **now.**

2 걘 식탁에서 식사중이야.
  She's eating **at the table.**

3 걘 인터넷으로 채팅중이야.
  She's chatting **to someone on the Internet.**

4 걘 컴퓨터 게임을 하고 있어.
  He's playing **computer games.**

5 걘 척추지압사와 바람을 피고 있어.
  She's having **an affair with her chiropractor.**

Real-life Conversation

A: Where's Nicole now?
B: She's chatting on the Internet in her room.
A: 니콜이 어디 있어? B: 자기방에서 인터넷 채팅하고 있어.

A: Dan and his friends are playing video games.
B: They are so stupid. They just sit in front of computers.
A: 댄과 친구들이 컴퓨터게임을 하고 있어. B: 한심한 놈들. 컴퓨터 앞에 쳐앉아 있네.

She's upset with me
걘 내게 화났어

✎ 핵심포인트

(S)He is+N[adj] 걘 …야[해]
(S)He is a+adj+N 걘 …을 …하는 사람야

이번에는 나도 아니고 너도 아닌 제 3자의 상태나 신분을 말하는 것으로 He[She] is~, They are~의 형태로 쓰면 된다. 우리말로는 "걘 …해," "걘 …야"의 의미. 배운 김에 하나 더 배워보자면 영어에서는 She learns fast보다는 She's a fast learner라고 쓴다는 점을 눈여겨둔다. 동사(learn)중심이 아니라 명사(learner)중심으로 표현한다는 것이다. 다른 예로는 She's a good cook, She's a good kisser, She's a good driver 등이 있다.

이럴땐 이렇게 말해야!

1 쟤는 내 남친이야.
   He's my boyfriend.

2 걘 멋져.
   She's gorgeous.

3 걘 지금 무척 불행해.
   She's very unhappy right now.

4 걘 내게 화났어.
   He's upset with me.

5 걘 결혼한다는거에 들떠있어.
   She's excited about getting married.

Real-life Conversation

A: Who do you want to speak to?
B: I'd like to speak with Mindy, if she is available.
A: 어느 분을 바꿔드릴까요? B: 민디 있으면 통화하고 싶은데요.

A: Why do you like your boyfriend so much?
B: He's very cute.
A: 왜 네 남친을 그렇게 좋아해? B: 무척 귀여워서.

This is much better
이게 훨씬 나아

 핵심포인트

This is+N[adj] …해
This is not[isn't]+N[adj] …하지 않아

This is~ 다음에 형용사나 명사 혹은 부사구를 붙여서 어떤 상태나 상황을 말하며 강조를
하려면 This is really great처럼 This is really[too]~ 로, 부정을 할 때는 This isn't
good처럼 This isn't~ 형태를 사용하면 된다. 특히 This is+사람의 경우는 사람을 소개할
때나 전화에서 자신을 밝힐 때 쓰는 것으로 해석은 "이 쪽은," "이 사람은," "이 분은"이라고 하
면 된다.

이럴땐 이렇게 말해야!

1 1. 정말 말도 안돼.
This is unbelievable[ridiculous].

2 훨씬 나아.
This is much better.

3 이건 정말 내게 중요해.
This is really important to me.

4 이건 공평치 않아.
This isn't fair.

5 이건 무척 재미있다.
This is so much fun.

Real-life Conversation

A: We're going to get married this fall.
B: Oh my God! This is so exciting!
A: 우리 이번 가을에 결혼할거야. B: 정말! 정말 멋지다!

A: Wow, it looks cold outside.
B: This isn't good. We're going to the beach.
A: 야, 바깥이 추운 것 같아. B: 좋지 않는데. 우리 해변에 갈건데.

That's too bad
정말 안됐어

✎ **핵심포인트**

That's+N[adj] …해
That's not+N[adj] …하지 않아

주어가 That~이 되는 경우로 This와는 달리 뒤의 be동사와 축약되어서 That's~의 형태로 사용된다. That's~ 다음에는 That's right(맞아), That's it(바로 그거야, 그렇게 된거야)처럼 명사, 형용사가 주로 많이 오는데 That's for sure(그말이 맞아, 확실해) 경우처럼 전치사구가 오기도 한다. 강조하려면 That's really[very]~, 부정하려면 That's not~을 사용하면 된다.

 이럴땐 이렇게 말해야!

1 괜찮아.
   That's all right[okay].

2 정말 도움이 돼.
   That's very helpful.

3 사실이 아니야.
   That's not true.

4 정말 안됐어.
   That's too bad.

5 내가 좋아하는거야.
   That's my favorite.

Real-life Conversation

A: I only have a hundred-dollar bill.
B: That's okay, I have change.
A: 100달러 지폐밖에 없는데요. B: 괜찮아요. 거스름돈이 있어요.

A: I stayed out drinking beer last night.
B: That's not smart. Your wife will be angry.
A: 지난밤에 집에 들어가지 않고 맥주를 마셨어. B: 현명하지 못하군. 아내가 화낼거야.

It's **not your fault**

그건 네 잘못이 아니야

✎ **핵심포인트**

It's+N[adj] …해
It's+adv[prep+N] …야

It's okay에서 보다시피 'It' 또한 be동사와 어울려 다양한 회화문장을 만들어 낼 수 있다. 축약된 It's~ 다음에 명사나 형용사 혹은 부사나 전치사+명사를 넣으면 되는데 It's up to you(네게 달려있어), It's on me(내가 낼게), It's out of date(구식이야), It's across the street(길 건너편에 있어) 등이 대표 표현들이다. 또한 시간이나 요일을 말하거나(It's 7 o'clock in the morning), 날씨를 말할 때(It's cloudy, It's rainy)도 전형적으로 사용된다.

이럴땐 이렇게 말해야!

1 난 괜찮아.
   It's all right with **me.**

2 너무 비싸.
   It's too expensive.

3 네 차례야.
   It's your turn.

4 네 잘못이 아니야.
   It's not your fault.

5 나도 그래.
   It's the same with **me.**

Real-life Conversation

A: What should I wear to the party tonight?
B: It's up to you.
A: 오늘 밤 파티에 뭘 입고 가는게 좋을까? B: 그거야 네 맘이지.

A: I'm sorry I broke your computer.
B: It's not your fault. It was old.
A: 네 컴퓨터를 망가트려서 미안해. B: 네 잘못이 아니야. 오래된거야.

Is this **really necessary?**
이게 정말 꼭 필요해?

 핵심포인트

Is it+N[adj]? …해?
Is that(this)+N[adj]? …해?

It is~ 형태를 의문문형태로 물어보는 경우로 'It' 이외에 This[That] is~의 형태도 주어와 동사를 도치해서 의문문형태로 만들어본다. 공짜냐고 물어보려면 Is it free?, 좋냐고 물어보려면 Is it good?, 그리고 정말 그럴까라고 하려면 Is that so?라고 하면 된다. Is it[that]~ 다음에 명사[형용사] 외의 경우가 오는 문장으로는 Is this for sale?(이거 세일하는거예요?), Is this for New York?(이거 뉴욕가는거예요?) 등이 있다.

이럴땐 이렇게 말해야!

1 여기서 멀어요?
   Is it far from here?

2 정말 꼭 필요해?
   Is this really necessary?

3 이거 네거야?
   Is this yours?

4 이 자리 임자있어요?
   Is this seat taken?

5 그게 가능해?
   Is that possible?

Real-life Conversation

A: I heard Sam was married. Is it true?
B: Yes, I heard that it's true.
A: 샘이 결혼했다며. 정말야? B: 그래, 나도 그렇게 들었어.

A: Is that desk heavy? It looks big.
B: Yeah, it's difficult for me to move.
A: 저 책상 무거워? 커보이는데. B: 그래, 내가 옮기기에 힘들어.

It's going to be all right
괜찮을거야

 핵심포인트

It's going to+V ···일거야
This is going to+V ···일거야

'It'과 be going to가 합쳐진 It's going to+동사의 형태 또한 I'm going to+동사 못지 않게 많이 사용된다. "···일거야"라는 의미로 앞으로 상황이 어떻게 될거라고 언급하는 것. 'It' 대신에 'This'도 많이 쓰이며 특히 It's[This is] going to be+형용사[명사]의 형태로 많이 사용된다.

> 이럴땐 이렇게 말해야!

1 내가 돈이 많이 들거야.
   It's going to cost me a lot.

2 시간이 좀 걸릴거야.
   It's going to take a while.

3 괜찮을거야.
   It's going to be all right.

4 이건 힘들거야.
   This is going to be tough[hard].

5 이건 무척 재미있을거야.
   This is going to be so much fun.

(**Real-life Conversation**)

A: Look, Cindy, it's going to be okay.
B: That's easy for you to say.
A: 자, 신디야, 잘 될거야. B: 너야 그렇게 말하기 쉽겠지.

A: Don't you think it's going to be weird?
B: Why?! Why would it be weird?
A: 좀 이상할거라고 생각하지 않아? B: 왜?! 왜 이상할거라는거지?

I have a question for you
질문이 하나 있는데요

 핵심포인트

I have+N …가 있어, …을 먹어
I had+N …가 있었어, …을 했어

I have~는 "…를 갖고 있다"라고 직역되지만 우리말로는 "…가 있어"라고 해야 자연스러운 구문. have 다음에 병명 등이 올 때는 "…가 아프다," 음식명사가 올 때는 "…을 먹는다"라는 뜻이 된다. 과거형태로 I had+명사하면 "…가 있었어," "…을 했어"라는 의미가 된다.

> 이럴땐 이렇게 말해야!

1 질문이 하나 있는데요.
   I have a question for you.

2 감기 걸렸어. (have+질병)
   I have a cold.

3 내게 좋은 생각이 있어.
   I have a good idea.

4 내일 아침 일찍 수업이 있어.
   I have an early class tomorrow.

5 지난 밤에 데이트했어.
   I had a date last night

> Real-life Conversation

A: I have a problem.
B: Really? What happened?
A: 문제가 있어. B: 그래? 무슨 일인데?

A: What brings you here today?
B: I have a pain in my neck.
A: 오늘은 무슨 일로 오셨지요? B: 목이 아파서요.

I don't have time for this
나 이럴 시간이 없어

✎ **핵심포인트**

I don't have (any)+N ···가 (전혀) 없어
I have no+N ···가 없어
I have nothing to+V ···할게 없어

I don't have~는 반대로 "···가 없어"라고 말을 할 때 사용한다. 강조를 하려면 I don't have any~를 쓰면 되고 또한 I have no idea처럼 I have no+명사의 형태도 부정의 한 방식이다. 또한 I have nothing to do this weekend(이번 주말에 할 일이 없어)처럼 I have nothing to+동사로 하면 "···할게 없다"라는 역시 부정표현.

이럴땐 이렇게 말해야!

1 계획이 없어.
   I don't have a plan.

2 선택의 여지가 없어.
   I don't have a choice.

3 나 이럴 시간이 없어.
   I don't have time for this.

4 [현금] 돈이 하나도 없어.
   I don't have any money[cash].

5 질문할게 하나도 없어.
   I don't have any questions.

Real-life Conversation

A: What're you going to do next?
B: I don't have any plans for now.
A: 이젠 뭐할거야? B: 지금으로선 아무 계획이 없어.

A: Who would you marry?
B: I don't know, I don't have anyone right now.
A: 누구랑 결혼할거야? B: 몰라, 지금 만나는 사람도 없는 걸.

I've got so much to do
난 할 일이 많아

🖊 **핵심포인트**

I've got+N ···가 있어
You've got+N 네게 ···가 있어

have got은 갖고 있다라는 뜻의 have와 같은 의미의 구어체 표현. 이때 have는 축약되거나(I've) 혹은 생략되기도 하여 I got~으로 쓰이기도 한다. 또한 I've got to~ 역시 I have to~와 동일한 의미. 또한 You've got a meeting at three(3시에 회의있어요)처럼 You've got+명사~하게 되면 "네게 ···가 있다"라는 의미. You've got nothing to lose(손해볼 게 없어) 또한 같은 유형의 구문이다.

 이럴땐 이렇게 말해야!

1 네게 줄게 있어.
  I've got something for you.

2 할 일이 많아.
  I've got so much to do.

3 오늘 저녁 줄리와 데이트가 있어.
  I've got a date with Julie this evening.

4 눈에 뭐가 들어갔어.
  I've got something in my eye.

5 너 정말 질문이 많구나.
  You've got a lot of questions.

Real-life Conversation

A: I've got some news. It's about us.
B: Oh? You and me?
A: 뉴스가 좀 있는데, 우리들 이야기야. B: 그래? 너하고 나하고?

A: You look stressed out. What's wrong?
B: I've got so much to do and I have to go now.
A: 스트레스에 지쳐 빠진 것 같네. 무슨 일이야? B: 해야 할 일이 너무 많아서 지금 가야 돼.

I got it on sale
그거 세일 때 산거야

 핵심포인트

I get+N ···을 준비하다, 사다, 가져오다
I get+N(장소) ···도착하다, 가다

만능동사로 get+명사의 형태로 얻다, 받다 등 여러 의미로 두루두루 쓰인다. 특히 get there[here]는 "거기에 가다," "여기에 오다"라는 뜻. 또한 got something from~은 "···을 ···에서 샀다[받다]"는 뜻이 된다. 또한 native들이 많이 쓰는 I got it은 "알았어"(=I understand), 반대로 I don't get it은 "모르겠어"라는 의미. 비슷한 I'll get it[that]은 (전화벨이 울릴 때 혹은 누가 노크할 때) "내가 받을게[열게]" 그리고 You got it은 "맞았어," "알았어," You got it[that]?은 "알겠어?," "알아들었어?"라는 뜻이다.

이럴땐 이렇게 말해야!

1 새로 취직했어.
   I got a new job.

2 승진했어.
   I got a promotion.

3 퇴근 후에 집에 갔어.
   I got home after work.

4 제 시간에 도착했어.
   I got there on time.

5 걔가 준거야.
   I got it from her.

Real-life Conversation

A: I got something for you. It's a ring.
B: Oh, Chris, this is so beautiful. I love it!
A: 네게 줄게 있어. 반지야. B: 어, 크리스, 너무 아름다워. 넘 좋아!

A: Here's something for you. I got it on sale.
B: You're very kind.
A: 이거 너 줄려고. 세일 때 샀어. B: 정말 친절도 해라.

Don't get angry with me!
내게 화내지마!

 핵심포인트

get+adj ···해지다
be getting+비교급 점점 ···해지다

get이 be[become]의 자리를 대신하는 경우로 get+형용사하면 "···해지다"라는 의미가 된다. 특히 get+pp의 경우는 be+pp가 변화된 상태를 정적으로(be married) 말하는 반면 get은 변화하는 과정을 동적으로(get married) 표현하는 것이다. 또한 be getting+비교급은 "점점 ···해지다"라는 뜻의 "get+형용사"의 강조구문으로 상태의 변화에 초점을 맞춘 표현이다. 대표표현으로는 It's getting better(점점 나아지고 있어), It's getting worse(점점 나빠지고 있어) 등이 있다.

이럴땐 이렇게 말해야!

1 우린 결혼할거야.
  We're going to get married.

2 화내지마!
  Don't get upset!

3 내게 화내지마!
  Don't get angry with me!

4 유명인들을 보면 사람들은 흥분해.
  They get excited when they see famous people.

5 엄마가 오늘 아침 아프셨어.
  My mom got sick this morning.

Real-life Conversation

A: You want to get married?
B: Someday.
A: 결혼하고 싶어? B: 언젠가는.

A: How did you find such a beautiful girlfriend?
B: I got lucky.
A: 어떻게 그런 예쁜 애인을 찾았어? B: 운이 좋았어.

You have **a good memory**

너 기억력이 좋구나

 핵심포인트

You have+N 너 …하구나, 너 …이구나
if you have+N 네가 …하다면

상대방의 상황이나 상태를 말하는 것으로 우리말로는 "너 …하구나," "…이구나" 등으로 옮길 수 있다. You have a choice하면 "네게 선택권이 있어," You have a large family하면 "너 대가족이구나"라는 말. 또한 if have+명사하면 "네가 …하다면"이라는 뜻으로 if you have time는 "시간이 된다면," if you have any questions는 "질문이 있으면," 그리고 If you have any problems은 "문제가 생기면"이라는 뜻으로 꼭 암기해두도록 한다.

이럴땐 이렇게 말해야!

1 너 집이 좋구나.
   You have a nice home.

2 네 말이 맞아.
   You have a point.

3 참 안되셨습니다.
   You have all my sympathy.

4 넌 몰라.
   You have no idea.

5 내 약속할게.
   You have my word.

Real-life Conversation

A: I don't care about my work.
B: You have a bad attitude.
A: 일은 신경 안 써. B: 자세가 안 좋구만.

A: Do you promise to pay me back?
B: You have my word.
A: 돈 갚는다고 약속하는거지? B: 내 약속할게.

Pattern 033 …가 있어?

Do you have a minute?
시간 좀 있어?

 핵심포인트

Do you have+N? 너 …가 있어?
Do you have any+N? 혹 너 …있어?

상대방에게 "…가 있냐?"고 물어보는 구문으로 Do you have+명사? 형태로 쓰면 된다. 상대방이 갖고 있는지 여부가 불확실할 때는 Do you have any+명사? 형태로 "혹 …가 있어?"라고 물어보면 된다. 위 문장 Do you have a minute?는 상대방에게 시간이 있냐고 물어보는 것으로 그 분야의 대표적인 문장인 You got a sec?과 같은 의미.

이럴땐 이렇게 말해!

1 시간 좀 있어?
   Do you have a minute?

2 얘들은 있어?
   Do you have kids?

3 (그게) 뭐 문제라도 있어?
   Do you have a problem (with that)?

4 뭐 좀 아는게 있어?
   Do you have any idea?

5 오늘밤 뭐 계획있어?
   Do you have any plans for tonight?

Real-life Conversation

A: Do you have a minute?
B: Well yeah, sure, what's up?
A: 시간 좀 있어? B: 어, 그럼, 뭔데?

A: Do you have a problem with me?
B: Do I? Not at all!
A: 내게 뭐 불만이라도 있어? B: 내가? 조금도 없어!

Pattern 034 ···을 할 수 있어[없어]

I can handle it by myself
혼자 처리할 수 있어

✏️ 핵심포인트

I can[can't]+V ···할 수 있[없]어
I will[won't] be able to+V ···할 수 있을[없을]거야

내가 ···할 수 있거나 없을 때는 I can[can't]+동사의 구문을 활용한다. 주의할 점은 can과 can't의 발음구분이 어려운데 can은 [큰]으로 약하게 그리고 can't은 [캔ㅌ]로 강하게 발음된다. 관용표현으로는 I can't say(잘 몰라), I can't believe it(말도 안돼) 그리고 상대방이 잘 지내냐고 인사할 때 잘 지낸다는 답 중의 하나로 I can't complain(잘 지내고 있어) 등이 있다. 미래의 능력을 말하고자 할 때는 I can의 미래형이 없어 can 대신 be able to(···할 수 있다)라는 숙어를 이용해서 will be able to+V라고 하면 된다.

이럴땐 이렇게 말해야!

1 혼자 (처리)할 수 있어.
  I can handle it by myself.

2 더 이상 못 견디겠어.
  I can't take it anymore.

3 네 말이 잘 안 들려.
  I can't hear you very well.

4 더 이상은 이렇게 못해.
  I can't do this anymore.

5 한 시까지 거기에 못 가.
  I can't get there by one o'clock.

Real-life Conversation

A: The key's stuck in the lock.
B: I can fix it. Hold on.
A: 키가 구멍에 박혔어. B: 내가 고칠 수 있어. 기다려.

A: I'm sorry. I can't talk long.
B: I'll give you a call later when you have more time.
A: 미안하지만 길게 얘긴 못해. B: 그럼 나중에 너 시간될 때 다시 걸게.

You can count on me
믿고서 내게 맡겨

✎ 핵심포인트

You can+V ···해도 돼
You can't+V ···하면 안돼, ···하지마

이번에 주어를 바꿔 You can+동사~ 형태로 쓰면 상대방에게 뭔가 허가하거나 허락할 때 쓰는 것으로 "···해도 된다"라는 의미. 반대로 You can't+동사~는 금지의 뜻으로 "···하지 마라," "···하면 안 된다"라는 뜻이다.

 이럴땐 이렇게 말해야!

1 샘이라고 불러.
   You can call me Sam.

2 내게 맡겨.
   You can count on me.

3 믿어봐.
   You can trust me.

4 그러면 안되지.
   You can't do that.

5 내게 이러면 안되지, 이러지마.
   You can't do this to me.

Real-life Conversation

A: Sorry, I'm seeing a guy.
B: What! You can't do this to me!
A: 미안해, 다른 애 만나고 있어. B: 뭐라고! 내게 이러면 안되지!

A: How can I get in touch with him?
B: You can leave me your name, and I'll tell him you called.
A: 걔에게 어떻게 연락할 수 있나요? B: 성함을 말씀해주시면 전화하셨다고 전해드릴게요.

Can I talk to you for a sec?
잠깐 얘기 좀 할 수 있을까요?

 핵심포인트

Can I+V? ···을 해줄까?, ···해도 괜찮아?
Can we+V? 우리 ···할까?

Can I+동사~?의 형태로 Can I get you something?처럼 "내가 ···을 해줄까?"라고 상대방에게 제안하거나 혹은 Can I ask you a question?처럼 "···해도 괜찮을까?"라고 상대방에게 허가를 미리 구할 때 사용한다. 그 중에서도 동사 have를 쓴 Can I have~?는 "···가 있어요?"라는 의미이고 Brandi, can we talk for a minute?(브랜디, 잠깐 시간 좀 내줄래요?)처럼 Can we+동사 ~?하면 "우리 ···할까?"라는 뜻의 구문이 된다.

이럴땐 이렇게 말해야!

1 뭐 필요한게 있으신가요?
 Can I get you something?

2 실분 하나 해도 돼?
 Can I ask you a question?

3 뭐 좀 물어봐도 돼?
 Can I ask you something?

4 핸드폰 좀 빌려줄래?
 Can I borrow your cell phone?

5 지하철노선도 있어요?
 Can I have a subway map?

Real-life Conversation

A: Jimmy, can I talk to you for a sec?
B: Yeah, what is it?
A: 지미, 잠깐 이야기해도 될까? B: 그래, 뭔데?

A: Can I get you something?
B: No, thank you. I'm being helped now.
A: 뭐 필요한게 있으신가요? B: 괜찮아요. 다른 사람이 봐주고 있거든요.

Can you **give me another chance?**

기회 한 번 더 줄래요?

✎ **핵심포인트**

Can you+V? …을 해줄래?
Could you+V? …을 해줄래(요)?

Can you+동사~?는 상대방에게 …을 해달라고 부탁하는 문장으로 좀 더 정중하게 표현하려면 please를 붙이거나 아니면 can의 과거형인 could를 써서 Could you+동사~?라고 하면 된다. 물론 이때 could는 무늬만 과거형일 뿐 의미는 현재이다. 전화바꿔줄 때 잠깐 기다리라고 할 때 쓰는 Could[Can] you hold the line?이 이 유형에 속한다.

1 깎아줄래요?
  Can you **give me a discount?**

2 오늘밤에 전화해줄래?
  Can you **give me a call tonight?**

3 기회 한 번 더 줄래요?
  Can you **give me another chance?**

4 날 위해 이것 좀 해줄래?
  Could you **do it for me?**

5 이번 금요일 파티에 올래?
  Can you **come to the party this Friday?**

Real-life Conversation

A: Can you give me a discount for paying cash?
B: Let me talk to my boss.
A: 현금으로 계산하면 할인해주나요? B: 사장님께 얘기해보죠.

A: Look, can you do something for me?
B: Sure, what?
A: 저기, 날 위해 뭐 좀 해줄테야? B: 그래, 뭔대?

56

Pattern 038 ···할게, ···할거야

I'll take this one
이걸로 할게요

✎ 핵심포인트

I'll+V ···할게, ···할거야
I won't+V ···하지 않을게

will은 동사의 내용이 미래에 일어난다는 의미를 부여하는 것으로 "내가 ···을 할 것이다," "···을 하겠다"라는 뜻. I'll~ 다음에 다양한 동사를 사용하면 되는데 특히 I'll be+부사 형태로 굳어진 표현들인 I'll be right there(곧 갈게), I'll be back(곧 올게) 등은 빈출표현으로 잘 기억해둔다. 부정형태인 I will not은 I won't으로 축약되는데 발음이 [wount]이다. 잘못 발음하면 상대방이 I want로 착각할 수도 있으니 조심해야 한다.

이럴땐 이렇게 말해야!

1 생각해볼게.
I will think about it.

2 이걸로 할게.
I will take this one.

3 널 거기에 데려갈게.
I will take you there.

4 태워다 줄게.
I'll give you a ride.

5 아무에게도 말하지 않을게.
I won't tell anyone.

Real-life Conversation

A: I'll pick you up at seven.
B: Don't be late.
A: 7시에 데리러 갈게. B: 늦지마.

A: If you have any questions, give me a call.
B: I'll do that.
A: 혹 질문이 있으면 나한테 전화해. B: 그럴게.

You will **get used to it**
넌 곧 익숙해질거야

 핵심포인트

You'll+V 넌 …하게 될거야
You won't+V 넌 …하지 않을거야
You will never+V 넌 절대로 …하지 않을거야

"넌 …하게 될거야"라고 상대방의 미래를 예측하는 표현법. You will+동사~ 형태로 사용하면 된다. 부정으로 "…하지 않게 될거야"라고 하려면 You will never~ 혹은 You won't~ 이라고 하면 된다. You'll see(두고 봐, 두고 보면 알아), Good luck, you'll need it(행운을 빌어, 그게 필요할거야) 등이 You will+동사의 대표적 표현이다.

이럴땐 이렇게 말해야!

1 그걸 알게 될거야.
  You will get to know that.

2 곧 익숙해 질거야.
  You'll get used to it.

3 그렇게 하면 곤란해질거야.
  You will get in trouble if you do that.

4 더 좋은 직업을 갖게 될거야.
  You'll get a better job.

5 이걸 후회하지 않게 될거야.
  You won't regret this.

Real-life Conversation

A: I bet you will find a new boyfriend soon.
B: I hope so, but I can't forget my ex.
A: 곧 틀림없이 넌 새로운 남친을 만나게 될거야. B: 나도 그러길 바라는데 옛 남친을 잊을 수가 없어.

A: You'll have a good job interview. Cheer up.
B: Thanks. I'll do my best.
A: 넌 면접을 잘 볼거야. 기운내. B: 고마워. 최선을 다할게.

Will you hold this for a sec?
잠깐 이것 좀 들어줄래?

 핵심포인트

Will you+V? ···해줄래?
Will you please+V? ···해줄래?

Will you~?의 형태로 상대방에게 무엇을 제안하거나, ···을 해달라고 요청을 하는 말로 좀 더 정중하게 말하려면 Will you please+동사?라고 하면 된다. 주어자리에 you 대신 다른 주어가 오는 표현으로 대표적인 것은 Will that be all?(다 고르셨나요?, 더 필요한건 없으시고요?)이 있다. 한편 Will you calm down?(좀 진정해라), Will you stop!(그만 하지 않을래!)처럼 경우에 따라서 그리고 억양에 따라서 명령조로 "···좀 해라," "···하지 않을래?"라는 의미가 된다.

이럴땐 이렇게 말해야!

1 커피 좀 더 들래요?
Will you have more coffee?

2 잠깐 이것 좀 들어줄래?.
Will you hold this for a sec?

3 잠깐 좀 들어와봐.
Will you come in here a moment?

4 한 시까지는 준비될까?
Will it be ready by one o'clock?

5 참석할 수 있어?
Will you be able to attend?

Real-life Conversation

A: Will you get us better gifts?
B: Fine! I'll get you something good!
A: 좀 더 좋은 선물 좀 줘라. B: 알았어! 좋은 걸로 사다 줄게.

A: Will you be coming to my party tonight?
B: Only if you give me a lift there.
A: 오늘 내 파티에 올래? B: 차로 태워다준다면.

Would you do me a favor?
도와줄래요?

✎ **핵심포인트**

Would you+V? ···해줄래요?
Would you please+V? ···해줄래요?

앞의 Will you+동사~?와 같이 요청, 제안의 표현이지만 will을 쓸 때 보다 더 공손하고 부드러운 느낌을 준다. 예를 들어 Will you do me a favor?(도와줄래요?) 보다는 Would you do me a favor?(도와주실래요?)가 더 정중하고 그래도 부족하다면 Would you~ 다음에 please를 넣어 Would you please+동사~?라고 하면 된다. 앞의 Will you~가 억양에 따라 거의 명령에 가까운 문장이 되듯 Would you~ 또한 Would you stop doing that?(그만 좀 안 할래?)에서 보듯 명령에 가까운 요청의 문장이 되기도 한다.

이럴땐 이렇게 말해야!

1 나랑 데이트할래요?
 Would you go out with me?

2 좀 이리로 와볼래요?
 Would you come over here please?

3 좀 천천히 말씀해주시겠어요?
 Would you speak more slowly, please?

4 나하고 연락하고 지낼래요?
 Would you keep in touch with me?

5 돈 좀 빌려줄래요?
 Would you lend me some money?

Real-life Conversation

A: **Would you get me a Diet Coke?**
B: **Okay. I'll be right back.**
A: 다이어트 콜라 좀 갖다줄래요? B: 예, 바로 갔다올게요.

A: **Would you care for dessert?**
B: **No, but I'd love some coffee.**
A: 디저트를 드시겠어요? B: 아뇨, 그냥 커피만 좀 주세요.

Pattern 042 ···하자

Shall we go out for lunch?
점심 먹으러 나갈까?

핵심포인트

Shall we+V? ···할래?
Shall I+V? ···해줄까?

will에게 거의 모든 자리를 빼앗긴 shall은 "함께 ···하자"(Let's+동사)의 의미로 쓰이거나 혹은 Shall I~?의 형태로 상대방에게 "···해줄까요?"라고 제안(Let me~)할 때 쓰인다. 앞뒤 문맥상 제안하는 내용을 말하지 않고 그냥 Shall we?(이제 할까?)라고 말하기도 한다.

이럴땐 이렇게 말해야!

1 이번 주말에 골프칠래?
Shall we play golf this weekend?

2 점심먹으러 나갈까?
Shall we go out for lunch?

3 오늘밤에 영화보러 갈까?
Shall we go to the movies tonight?

4 퇴근 후에 뭐 좀 먹을까?
Shall we eat something after work?

5 택시 불러줄까요?
Shall I call a taxi for you?

Real-life Conversation

A: Shall we take a break now?
B: No, let's keep going.
A: 이제 잠시 좀 쉴까? B: 아니, 계속하자.

A: Shall we go on vacation together?
B: I'm not sure. Let's talk about it.
A: 함께 휴가갈까? B: 잘 모르겠어. 함께 얘기해보자.

I have to **ask you something**

나 너한테 뭐 좀 물어봐야 돼

✎ 핵심포인트

I have to+V 난 …해야 돼 (= I've got to+동사)
You've got to+V 넌 …해야 돼

"…해야 한다"라는 의미의 조동사 must, should와 같은 계열로 주어가 3인칭일 때는 He(She) has to, 시제가 과거일 때는 had to를 그리고 미래일 때는 will have to라 쓴다. 특히 I have to ask you something처럼 I have to는 의무라기보다는 내가 …을 할 수밖에 없는 처지를 표현할 때가 많다. I've got이 I have와 마찬가지이듯 I've got to+동사 역시 I have to+동사와 같은 뜻이다. 특히 I've got to (go)는 I gotta (go)로 들리는데 이는 I've got to go=> I've gotta go => I gotta go로 축약되어 읽히기 때문이다.

1 말할게 하나 있는데.
   I have to **tell you something.**

2 얘기 좀 하자고.
   I have to **talk to you.**

3 걔랑 헤어져야만 했어.
   I had to **break up with her.**

4 할 일이 너무 많아 가야 돼.
   I've got **so much to do and I have to go.**

5 넌 좀 더 신중해야 돼.
   You've got to **be more careful.**

Real-life Conversation

A: I have to **break up with you.**
B: How can you say that?
A: 그만 헤어져야겠어. B: 어떻게 그런 말을 할 수 있는거야?

A: I have to **leave right away for the meeting.**
B: I'll catch up with you later.
A: 회의가 있어서 지금 당장 가봐야겠는데. B: 나중에 보자.

I must be going
나 가야 돼

✎ **핵심포인트**

I must+V 난 ···해야 돼
You must+V 넌 ···해야 돼
You must not+V 넌 ···하면 안돼

must는 "···해야 한다"라는 의미로 강제성이 강한 조동사. 강제적인 측면에서 should나 ought to보다는 have to에 가깝다. 또한 미래형이나 과거형이 없는 must는 have to를 빌려와 과거형은 had to(···해야만 했다), 미래형은 will have to(···을 해야 할 것이다) 등으로 쓰게 된다. 한편 You must+동사하면 "넌 ···해야 돼"라는 의미로 상대방에게 충고나 금지할 때 사용하면 된다.

> 이럴땐 이렇게 말해야!

1   나 가야 돼.
    I must be going.

2   지금 가야 돼.
    I must go now.

3   그만 헤어져야 돼.
    I must say good bye.

4   열심히 일해야 한다.
    You must work hard.

5   그렇게 생각하면 안돼.
    You mustn't think like that.

(**Real-life Conversation**)

A: Do you have time to have dinner?
B: Not really. I think I must be going now.
A: 저녁 먹을 시간 있어요? B: 실은 안 돼요. 지금 가봐야 될 것 같아요.

A: You mustn't go in there.
B: Why not?
A: 거기 들어가면 안되는데. B: 왜 안돼?

You should take a rest
넌 좀 쉬어라

✎ 핵심포인트

You should+V 넌 ···해야지
You shouldn't+V 넌 ···하지 않는게 좋겠어

강제성이 가장 강한 must 그리고 역시 강제성이 있으면서 구어체에서 많이 쓰이는 have to와 달리 should와 ought to는 강제성이 상대적으로 약해 "···해야지," "···해야 하지 않겠어"라는 정도의 의미를 갖는다. 당연히 이루어져야 하는 의무사항이나 상대방에게 조언할 때 사용하면 된다.

이럴땐 이렇게 말해야!

1 그렇게 하도록 해.
   You should do that.

2 선생님에게 말해라.
   You should speak to your teacher.

3 전철을 타.
   You should take the subway.

4 지금 가야 돼.
   I should go now.

5 걔는 지금쯤 집에 와 있을거야.
   She should be home now.

Real-life Conversation

A: I was stuck in traffic.
B: Next time you should leave earlier.
A: 차가 막혀서 말야. B: 다음 번엔 좀 더 일찍 출발하도록 해.

A: Will the stage be ready by Friday?
B: They should be able to get it ready by then.
A: 금요일까지 무대가 완성될까? B: 그들이 그때까진 모든 준비를 마칠 수 있을거야.

You have to **try harder**
너 더 열심히 해야 돼

✎ **핵심포인트**

You have to+V 넌 ···를 해야 돼
You need to+V 넌 ···를 해야 돼

앞서 언급했듯이 have to는 should보다 강제성이 강해 must에 버금가는 강제성을 띄지
만 must보다 구어체에서 훨씬 많이 쓰이는 표현법. You have to~ 하면 상대방에게 "···를
해야 한다"고 충고하는 문장이 된다. 비슷한 표현으로 You need to+동사가 있는데 이는 "···
를 해야 돼"라는 의미로 "지금 당장 걔에게 전화해야 돼"는 You need to call her right
now, "연습해야 돼"는 You need to practice라고 하면 된다.

이럴땐 이렇게 말해야!

1 더 열심히 해야 돼.
  You have to try harder.

2 너 스스로를 돌봐야 돼.
  You have to take care of yourself.

3 매우 신중히 이야기를 들어봐.
  You have to listen very carefully.

4 긍정적으로 생각하라고.
  You have to look on the bright side.

5 넌 좀 더 조심해야 돼.
  You need to be more careful.

Real-life **Conversation**

A: This is wrong. You have to take it back.
B: I don't know why.
A: 이건 아닌데. 취소하라고. B: 왜 그래야 되지는 모르겠어.

A: I'll never get through this.
B: You have to try harder.
A: 난 이것을 절대 못해낼거야. B: 더 열심히 해야 돼.

You must be **very proud**
너 정말 자랑스럽겠다

✎ 핵심포인트

S+must be~ …임에 틀림없어
S+should be~ …일거야
S+can't be~ …일리가 없어

You[He] must be~ 의 형태로 추측을 나타내는 구문을 만든다. 우리말로는 "…임에 틀림
없다" 정도가 되며 마찬가지로 You[He] should be~ 또한 어떤 일이 일어나거나 혹은 어떤
사실이 맞을거라는 추측의 의미로 사용된다. 한편 S+can't be~는 "…일리가 없다"는 의미
로 That can't be true하면 "그게 사실일리가 없어," You can't be a lawyer하면 "네가
변호사일리가 없어"라는 문장이 된다.

이럴땐 이렇게 말해야!

1 너 피곤하겠구나.
You must be tired.

2 무척 자랑스러우시겠어요.
You must be very proud.

3 오웬이시죠.
You must be Owen.

4 그는 고객과 함께 있을거예요.
He must be with a client.

5 연결상태가 안좋은가봐.
There must be a bad connection.

Real-life Conversation

A: You must be so happy!
B: Yes, I am.
A: 기분 좋겠구나! B: 그래, 맞아.

A: I didn't get the promotion.
B: You must be very upset about that.
A: 승진에서 떨어졌어. B: 엄청 속상하겠네.

You might be true
네 말이 맞을지도 몰라

 핵심포인트

You may+V 넌 ···를 해도 돼, ···일지 몰라
You might+V 넌 ···를 해도 돼, ···일지 몰라

may라는 조동사는 가장 큰 특징은 가능성(possibility)으로 You may[might]~하게 되면
아직 잘 모르는 이야기를 할 때 쓰는 표현으로 "···일 수도 있어," "···할지도 모르겠다"라는 말.
따라서 It might be true를 달리 표현하자면 I'm not sure you're right가 된다. 물론 여
기서 might는 무늬만 과거일 뿐 현재의 의미라는 것에 주의해야 한다.

> **이럴땐 이렇게 말해야!**

1 가도 돼.
   You may go now.

2 걔가 맞을지도 몰라.
   She may be right.

3 암일지도 모릅니다.
   You may have cancer.

4 비가 올지 몰라.
   It might be raining.

5 걘 남자친구가 있을지 몰라.
   She might have a boyfriend.

> **Real-life Conversation**

A: I'm not so sure that's a good idea.
B: It may be worth a try.
A: 그게 좋은 생각이라는 확신이 안서는데. B: 그래도 해봄직할거야.

A: We may have to alter our plans.
B: Why would we have to do that?
A: 우리 계획을 수정해야 할지도 모르겠어. B: 왜 그래야 되는거지?

May I ask you a question?
한가지 물어봐도 돼요?

 핵심포인트

May I+V? …를 해도 될까요?

May I help you?는 특히 상점 표현으로 "도와드릴까요?"라는 친절한 표현. 이처럼 May I~?는 회화에서 많이 쓰이기는 하지만 상대방에게 부탁을 하거나 허락을 구하는 용도로 윗사람, 처음 보는 사람 혹은 아는 사이라도 좀 조심스럽게 물어볼 때 사용한다. 특히 May I~?는 전화영어에서 많이 쓰이는데 May I speak to[with] Tony?(토니 씨 계세요?)로부터 May I ask who's calling, please?(누구시죠?), May I leave a message?(메시지 남겨도 될까요?) 등이 있다.

> **이럴땐 이렇게 말해야!**

1 들어가도 되겠습니까?
   May I come in?

2 한가지 여쭤봐도 될까요?
   May I ask you a question?

3 잠깐 얘기할 수 있을까요?
   May I have a word with you?

4 여권[표]을 보여줄래요?
   May I see your passport[ticket]?

5 영수증 주실래요?
   May I have a receipt?

> **Real-life Conversation**

A: Tony. May I have a word with you?
B: Yeah, of course.
A: 토니야. 얘기 좀 할 수 있을까? B: 그래 그럼.

A: May I come in?
B: Uh, yeah, if you want.
A: 들어가도 돼요? B: 어, 그래, 그러고 싶다면.

Pattern 050 ···하곤 했었어

I used to go to church
난 교회에 다녔었어

 핵심포인트

I used to+V(규칙적으로) ···하곤 했었어, ···이었어(~used to be~)
I would+V(불규칙적으로) ···하곤 했었어

would가 과거의 불규칙적인 습관을 말하는 반면 used to는 교회를 규칙적으로 다니듯 과
거의 규칙적인 습관을 말하는 것으로 I used to~하게 되면 과거에 "···하곤 했었다," 혹은
used to 다음에 be 동사가 오면 (과거에) "···이었다," "있었다"라는 상태를 뜻한다. would
나 used to 모두 과거의 사실을 언급하는 것으로 현재는 그렇지 않다는 것을 암시하고 있다
는 점에 유의한다.

> **이럴땐 이렇게 말해야!**

1 매일 조깅하곤 했었어.
　　I used to jog every day.

2 우린 항상 함께 놀았었지.
　　We used to play together all the time.

3 대학다닐 때 항상 운동을 했었어.
　　I used to exercise when I was in college.

4 예전엔 공원에 큰 나무가 있었는데.
　　There used to be a big tree in the park.

5 어렸을 때 간혹 바이올린을 켰어.
　　I would play the violin when I was young.

(**Real-life Conversation**)

A: We used to work together.
B: We did?
A: 우린 함께 일했었죠. B: 우리가요?

A: Do I know you?
B: You used to be my babysitter.
A: 절 아세요? B: 제 애기 봐줬잖아요.

Section 01 야! 이제야 영어말문이 트인다! **69**

Let's **keep in touch**
연락하고 지내자

✎ **핵심포인트**

Let's+V ···하자(=Why don't you+V?)
Let's not+V ···하지 말자

Let's+동사의 형태로 상대방에게 뭔가 함께 행동을 하자고 할 때 쓰는 표현으로 우리말로는 "(우리) ···하자"로, Why don't you~?와 같은 뜻. 부정으로 Let's not~하면 "···하지 말자"라는 뜻이 된다. 두고 보자 혹은 지켜보자는 Let's wait and see, 오늘 밤에 외식하자는 Let's eat out tonight, 각자 부담하자는 Let's go Dutch라고 하면 된다. 특히 Let's get~으로 시작하는 Let's get down to business(자 일을 시작하자, 본론으로 들어가자), Let's get started(자 시작합시다), Let's get going(가자고) 등을 암기해두도록 한다.

> **이럴땐 이렇게 말해야!**

1 연락하고 지내자!
  Let's **keep in touch!**

2 조만간 한번 보자.
  Let's **get together sometime.**

3 쉬자.
  Let's **take a break.**

4 그렇게 하자.
  Let's **do that.**

5 그건 생각하지 말자.
  Let's not **think about it.**

⌒ **Real-life Conversation** ⌒

A: Let's call it a day.
B: Sounds good to me.
A: 퇴근하죠. B: 좋은 생각이네.

A: Let's get down to business.
B: Great, let's start.
A: 자 일을 시작합시다. B: 좋아, 시작하자구.

Let me think about it
생각 좀 해볼게

✎ 핵심포인트

Let me+V 내가 ···할게

Let me+동사의 형태로 내가 ···을 하도록 허락해달란 뜻. 어떤 행동을 하기에 앞서 상대방에게 자신의 행동을 미리 알려주는 표현법이라고 할 수 있다. "내가 ···할게" 정도로 해석하면 된다. 상대방이 뭔가 물어보는 것을 잘 모를 때, 확인해보겠다면서 Let me check, 도움을 주겠다고 하면서 Let me help you 등이 있다. 관용표현으로는 (초인종 소리에) "내가 열게"라는 뜻의 Let me, "내보내줘[들여보내줘]"의 Let me out[in], 그리고 "그냥 잊어버려"라는 뜻의 Let it go등이 있다.

이럴땐 이렇게 말해야!

1 생각 좀 해볼게.
   Let me think about it.

2 내가 처리할게.
   Let me take care of it.

3 네 짐 들어주는거 도와줄게.
   Let me help you with your baggage.

4 내가 왜 그랬는지 설명할게.
   Let me explain why I did it.

5 이건 분명히 해두자.
   Let me get this straight.

Real-life Conversation

A: Let me get my coat.
B: No, I'll get your coat.
A: 코트 가지러 갈게. B: 아냐, 내가 가져다줄게.

A: Let me help you with your grocery bags.
B: Thank you, that's very kind of you.
A: 식료품 가방 들어줄게요. B: 고마워요. 정말 친절하시군요.

Keep the change
잔돈은 가지세요

 핵심포인트

V+~! ···해라!

명령문의 가장 기본형은 동사+~. 사실 명령문이라고 하지만 전달하는 내용은 명령만 있는 것은 아니고 충고, 주의, 격려, 부탁 등 문맥에 따라 다양하다. 기운내라고 격려할 때 Cheer up!, 진정하라고 달랠 때 Calm down, 다시 해보라고 충고할 때 Try again! 등 다양한 표현들이 쓰이고 있다.

이럴땐 이렇게 말해야!

1 내게 맡겨.
   Leave it to me.

2 계속해!
   Keep going!

3 좀 봐줘, 그만 좀 해라.
   Give me a break.

4 그만 좀 얘기해!
   Stop saying that!

5 부모님께 내 안부 전해줘.
   Say hello to your parents for me.

Real-life Conversation

A: Can I see your license please?
B: Please give me a break.
A: 면허증 좀 봅시다. B: 한 번만 봐주세요.

A: Stop it! Cut it out! Cut it out!
B: Okay, okay, I'm sorry, it will never happen again.
A: 그만! 그만두라니까! 그만둬! B: 알았어, 알았어, 미안, 다시 그러지 않을게.

Make yourself at home
집처럼 편히 계서요

 핵심포인트

V+oneself! ···해라!

특이하게도 동사+oneself~형의 명령문 형태가 있다 Help yourself, Make yourself at home, Enjoy yourself, Suit yourself 등 그리 다양하지는 않지만 사용빈도가 높으니 이번 기회에 다 외워두도록 한다. 특히 Help yourself는 단독으로도 쓰이지만 마음대로 먹으라는 대상을 뒤에 to+명사로 넣어줄 수도 있다. 예로 "케익을 마음껏 들어"라고 하려면 Help yourself to the cake, 그리고 "냉장고에 있는거 아무거나 들어"는 Help yourself to whatever's in the fridge라고 하면 된다.

이럴땐 이렇게 말해야!

1 냉장고에 있는 거 맘대로 갖다 들어요.
Please help yourself to anything in the fridge.

2 집처럼 편히 계세요.
Make yourself at home.

3 편히 계세요.
Make yourself comfortable.

4 술 한잔 따라 마시며 편히 쉬어.
Make yourself a drink and relax.

5 재미있게 보내세요.
Enjoy yourself.

Real-life Conversation

A: Wow! This is a great place.
B: Thank you. Just make yourself comfortable.
A: 야! 집이 아주 멋지네요. B: 고마워요. 그냥 편히 계세요.

A: What should I do?
B: Make yourself a drink and relax.
A: 내가 어떻게 해야 하지? B: 술 한잔 따라 마시면서 편히 쉬어.

Be a good boy!
착하게 굴어!

✎ 핵심포인트

Be+N[adj]! …해라!

명령문을 만드는 동사가 일반동사가 아닌 Be동사가 쓰인 경우로 Be~ 다음에 형용사(Be careful)이나 명사(Be a man)를 붙여서 만들면 된다. 또한 Be sure to~는 그 중 하나로 상대방에게 "반드시 …해라"라고 당부할 때 사용하는 표현이다. 예로 Be quiet(조용히 해), Be positive(긍정적으로 생각해), Be safe(조심해) 등이 있다. 조금 어렵지만 Be my guest는 "그럼요"라는 의미로 상대방의 요청에 흔쾌히 허락할 때 쓰는 표현

이럴땐 이렇게 말해야!

1 점잖게 굴어.
   Be nice.

2 착하게 굴어!
   Be a good boy!

3 7시 40분까지 여기에 와.
   Be here at 7:40.

4 그거 조심해.
   Be careful with it.

5 반드시 그렇게 해.
   Be sure to do that.

Real-life Conversation

A: Hurry up. We'll be late.
B: Be quiet. I don't want to be stopped by the police.
A: 서둘러. 이러다 늦겠다. B: 조용히 해. 경찰한테 걸리기 싫단 말이야.

A: Some days I just feel like giving up.
B: Be strong. Things will get better soon.
A: 언젠가 그냥 내가 포기하고 싶어. B: 강해져야지. 곧 더 나아질거야.

Don't say a word
한마디도 하지마

핵심포인트

Don't+V! …하지마!
Never+V! 절대로 …하지마!

부정명령문은 상대방에게 뭔가를 금지하거나 신신당부하는 것으로 Don't+일반동사로 혹은 Don't be+형용사[명사] 형태로 쓴다. 걱정많은 사람에게 하는 Don't worry, 경찰들이 자주 쓰는 Don't move, 바보 같은 말이나 엉뚱한 짓을 하는 친구에게 하는 Don't be silly [ridiculous], 그리고 애들처럼 굴지 말라고 할 때의 Don't be such a baby 등이 있다. 또한 Never+동사~도 부정명령문으로 쓰이는데 이는 "절대로 …하지 마라"라는 의미로 Never say die는 "죽겠다는 소리마," Never give up은 "절대 포기하지마"라는 뜻이다.

이럴땐 이렇게 말해야!

1 한마디도 하지마.
   Don't say a word.

2 내게 다신 이러지마.
   Don't do this to me again.

3 초조해하지마.
   Don't be nervous.

4 너무 자책하지마.
   Don't be so hard on yourself.

5 겁먹지마.
   Don't be scared.

Real-life Conversation

A: Don't be sorry.
B: But I screwed up big time.
A: 미안해하지 말라구 B: 하지만 제가 큰 실수를 했는걸요.

A: What can I do to make it up to you?
B: Nothing, just don't do it again.
A: 어떻게 하면 이 실수를 만회할 수 있을까요? B: 아무것도 필요없어요. 다시 그러지 않기만 하면 돼요.

Go to your room!
네 방으로 가!

✎ **핵심포인트**

Go~ …해
Turn~ …해

명령문 중에서도 기본동사로 시작되는 회화문장들이 있다. 가장 먼저 Go로 시작하는 명령문
형태의 표현들을 살펴보자. 특히 go는 방향을 알려줄 때의 Turn right[left] at~의 turn과
더불어 길을 안내하는데 많이 사용된다. 상대방에 어서 해보라고 할 때의 Go ahead, 계속
하라고 할 때의 Go on, 그리고 꺼지라고 할 때의 Go away 등이 대표적이 표현들이다.

이럴땐 이렇게 말해야!

1 네 방으로 가.
   Go to your room.

2 길따라 쭉 가세요.
   Go straight along the street.

3 이 길을 가다 첫 사거리에서 왼쪽으로 도세요.
   Go down the street and take your first left.

4 에스컬레이터를 타고 내려가면 바로입니다.
   Go down the escalator and you're there.

5 교차로[담코너]에서 우회전해요.
   Turn right at the intersection[next corner] .

Real-life Conversation

A: Could you tell me how I get to the subway?
B: Go straight ahead until you see the sign.
A: 지하철로 가려면 어떻게 가야 하나요? B: 지하철 표지판이 나올 때까지 앞으로 쭈욱 가세요.

A: How do I get there?
B: Go down this street and turn to the left. It's left.
A: 그곳에 어떻게 가나요? B: 이 길따라 가서 좌회전해요. 왼편에 있어요.

Get on the next bus
다음에 오는 버스에 타

 핵심포인트

Get~ ···해

이번에는 Get으로 시작하는 명령문 형태. 만능동사답게 많은 다양한 회화문장을 만들어낸다. 나가라고 할 때나 혹은 말도 안되는 소리를 하는 상대방에 웃기지말라고 하는 Get out of here!, 그냥 꺼져 버리라고 하는 Get out[lost]!, 기운내라는 Get your act together, 그리고 정신차리라는 Get real!과 Get a life! 등이 대표적이다. 또한 자동차(Get in[out])나 버스(Get on[off]) 등을 타고 내리는 것을 말할 때 자주 사용된다는 점도 알아두자.

이럴땐 이렇게 말해야!

1 (내 앞에서) 꺼져.
   Get out of my face.

2 옷 입어.
   Get dressed.

3 나중에 연락해.
   Get back to me.

4 3번째 정거장에서 내려.
   Get off at the third stop.

5 다음 버스를 타세요.
   Get on the next bus.

Real-life Conversation

A: **Get out of my face!**
B: **What did I do wrong?**
A: 꺼져! B: 내가 뭘 잘못했는데?

A: **I need a decision from you. Get back to me.**
B: **I'll call you tomorrow morning.**
A: 너의 결정이 필요해. 나중에 연락해. B: 내일 아침 연락할게.

Take my word for it
정말이야

 핵심포인트

Take+N~ ···해

Take의 경우에는 Take+명사의 형태로 많이 쓰인다. 헤어지면서 하는 인사말인 Take care, 진정하라고 할 때의 Take it easy 등이 대표적이다. 또한 몇 번 버스나 무슨 선의 전철을 타라고 할 때 Take+버스[전철]로도 쓰인다는 점도 알아두자. Take sb to somewhere의 경우 ···을 ···로 데려가라는 의미로 Take her to the hospital하면 "걜 병원에 데려가라"는 뜻이 된다.

이럴땐 이렇게 말해야!

1 이것 좀 봐봐.
  Take a look at this.

2 천천히 해.
  Take your time.

3 진짜야.
  Take my word for it.

4 전철을 타.
  Take the subway.

5 하루 쉬어.
  Take a day off.

Real-life Conversation

A: Take my word for it, she's the best in the business.
B: Maybe I'll give her a try.
A: 진짜야, 그 사람 업계에서 최고야. B: 그녀에게 기회나 한번 줘볼게.

A: I don't think I can get through the night.
B: Just take it easy and try to relax.
A: 밤을 무사히 보낼 수 없을 것 같아. B: 걱정하지 말고 긴장을 풀어봐.

Have a nice flight!
비행기 여행 즐겁게 해!

✎ **핵심포인트**

Have+N~ ···해
Have+N(음식)~ ···을 먹어

Have+명사 형태로는 주로 Have a nice[good]+명사의 형태로 헤어지면서 하는 인사말로 많이 쓰인다. 그 유명한 Have a nice[good] day!, Have a good night!, 자리에 앉으라고 할 때 Have a seat 등이 대표적이다. Have 다음에 음식명사가 오면 "···을 먹어"라는 의미가 된다. Have a drink는 "한잔 해," Have a piece of cake은 "케익 한 조각 먹어"가 된다.

이럴땐 이렇게 말해!

1 즐거운 여행 되세요!
Have a nice trip!

2 비행기 여행이 즐거우시길!
Have a nice[good] flight!

3 직장에서 즐거운 하루 보내요.
Have a nice day at work.

4 뉴욕에 계시는 동안 즐거운 시간 되세요.
Have a nice stay in New York.

5 데이트 잘해.
Have a good date.

Real-life Conversation

A: Have a nice weekend!
B: Okay, I'll see you on Monday.
A: 주말 잘 보내! B: 응, 월요일에 보자.

A: Here's twenty dollars, and keep the change.
B: Thanks a lot. Have a nice stay in Boston.
A: 여기 20달러예요. 거스름돈은 가져요. B: 감사해요. 보스톤에서 즐겁게 보내세요.

See you in the morning
내일 아침에 봐

✎ **핵심포인트**

(I'll) See you~ ···보자, 잘 가

비록 동사가 먼저 나와 명령문처럼 보이지만 See you~ 의 경우는 앞에 I'll이 생략된 표현이다. 예를 들어 See you again의 경우 I'll see you again의 축약된 표현인 것이다. 그냥 See you만해도 완벽한 인사표현이며 그 뒤에 구체적으로 시간을 다양하게 넣어서 See you tomorrow, See you next weekend[week], See you Friday라고 말하면 된다.

이럴땐 이렇게 말해야!

1 잘 가.
   See you.

2 그때 봐.
   See you then.

3 7시에 보자.
   See you at 7.

4 내일 아침에 봐.
   See you in the morning.

5 사무실에서 다시 보자.
   See you back at the office.

Real-life Conversation

A: Bye for now!
B: See you later. Don't forget to e-mail me.
A: 이제 안녕! B: 나중에 봐. 잊지 말고 메일 보내고.

A: Let's get together at 9 o'clock in my office.
B: That'll be fine. See you then.
A: 그럼 9시에 내 사무실에서 만납시다. B: 그게 좋겠군요. 그때 봐요.

Thank you for coming
와 줘서 고마워

 핵심포인트

Thank you for+N[~ing] ···에[해서] 고마워
Thanks for+N[~ing] ···에[해서] 고마워

Thank you for~ 이하에 고마운 내용을 명사나 혹은 ~ing 형태를 넣어 고마운 마음을 표현하면 된다. 물론 Thank you를 Thanks로 바꿔 Thanks for ~라고 해도 되고, 간단히 Thank you very(so) much, Thanks a lot 등으로 말해도 된다. 한편 상대방의 제의를 거절하면서 고맙지만 괜찮아요라고 말하려면 No, thank you라고 하면 된다. Thank you~ 외에 다른 표현으로는 I really appreciate it(정말 고마워), That's (so) sweet(고마워라) 그리고 It's very kind of you to say so(그렇게 말해줘서 고마워) 등이 있다.

이럴땐 이렇게 말해야!

1 시간내줘서 고마워.
   Thank you for your time.

2 그렇게 해줘서 고마워요.
   Thank you for that.

3 그렇게 말해줘서 고마워.
   Thank you for saying that.

4 내게 이 일을 줘서 고마워요.
   Thank you for giving me this job.

5 지난밤에 저녁 고마워.
   Thanks for dinner last night.

Real-life Conversation

A: Thank you for the ride.
B: You're welcome, I was going this way anyway.
A: 태워다줘서 고마워요. B: 천만에요. 어차피 이 길로 갔던 걸요.

A: Thank you for the gift you sent on my birthday.
B: Oh, it was my pleasure. I hope you liked it.
A: 내 생일에 보내준 선물 고마워. B: 뭘 그런 걸 가지고. 네 맘에 들었으면 좋겠다.

Excuse me for **being late**
늦어서 미안해

 핵심포인트

Excuse me, ~ 실례지만…
Excuse me for+~ing …해서 미안해
Would[Could] you excuse me[us]~? 자리 좀 비켜줄래요?, 잠시 실례해요

Excuse me의 일반적 용법은 상대방의 주의를 끌거나 사소한 실례를 범했을 때 하는 표현. 위 예문처럼 excuse me for ~ing는 sorry처럼 for 이하 한 것으로 미안하다고 할 때 쓰는 구문. 반면 Please excuse me[us]는 자리를 뜨면서 양해를 구하거나 잠깐 자리를 비켜달라고 할 때 사용된다. 또한 Excuse me?는 상대방 말을 잘 못 듣거나 이해할 수 없을 때 하는 말로 다시 한번 말해 줄래요?, 뭐라고?라는 뜻. 이때는 I'm sorry?, Come again?과 같은 의미.

이럴땐 이렇게 말해야!

1 실례합니다, 제가 길을 잃은 것 같아요.
Excuse me, I seem to have lost my way.

2 실례지만 다른 전화 와 있어요.
Excuse me, there's a call on another line.

3 늦어서 미안해.
Please excuse me for being late.

4 잠깐 자리 좀 비켜줄래요?
Could you excuse us for a second?

5 잠시 실례해도 될까요?
Would you please excuse me for a moment?

Real-life Conversation

A: Excuse me, I seem to have lost my way.
B: Where are you trying to go?
A: 실례합니다, 제가 길을 잃은 것 같아요. B: 어디를 가려고 하는데요?

A: Could you excuse us? I need to talk to your wife.
B: What's the matter?
A: 실례해도 될까요? 당신 아내와 얘기 좀 해야 돼요. B: 무슨 문제인데요?

Good for you!
잘 됐네!

 핵심포인트

Good~ 잘…
Happy+기념일! …을 축하해!

Good으로 시작하는 표현들로는 Good morning[afternoon, evening, night]이 대표적이며 상대방에게 행운을 빌어줄 때 Good luck 등이 있다. 또한 Good heavens!처럼 감탄사를 만들기도 한다. 비슷한 표현으로 Happy+기념일!이 있고, 또한 축하한다고 할 때는 Congratulations! 혹은 Congratulations on+축하해줄 일(your graduation, your wedding)!이라고 쓰면 된다. Congratulations는 줄여서 Congrats!라고도 쓰인다.

이럴땐 이렇게 말해야!

1 잘 됐네.
Good for you.

2 잘했어.
Good job.

3 그거 잘 되기를!
Good luck with that!

4 기념일 축하해!
Happy anniversary!

5 추석 즐겁게 보내!
Happy Chusok!

Real-life Conversation

A: Good luck on your date.
B: Oh thanks!
A: 데이트 잘 되기를 바랄게. B: 어 고마워!

A: You know what? I just got promoted.
B: Good for you! You deserve it.
A: 저 말야, 나 승진했어. B: 잘됐네. 넌 자격이 있잖아.

No big deal
별일 아냐

✎ **핵심포인트**

No+N~ ···아니야
Not+adj[adv] ···가 아니야

No 혹은 Not으로 시작하는 간편한 표현들도 많이 있다. No 다음에는 명사를 그리고 Not 다음에는 형용사[부사]를 쓴다는 점이 다르다. 문제없으니 괜찮다고 말하는 No problem, 말도 안된다고 거절하는 No way, 아직은 아니라고 말하는 Not yet, 지금은 아니라는 Not now, 그렇게 빨리는 안돼라는 Not so fast 그리고 사실은 안 그래라는 Not really 등이 유명하다. 특히 No problem은 "예 알겠어요," "괜찮아"라는 뜻으로 감사에 대한 인사 외에도 상대방이 부탁하거나 사과할 때도 쓰인다는 점을 알아두도록 한다.

> **이럴땐 이렇게 말해야!**

1 별일 아냐.
No big deal.

2 그렇게 나쁘지 않아.
Not so bad.

3 늘[꼭] 그런 건 아냐.
Not always[exactly] .

4 별로 그렇지 않아.
Not very much.

5 내가 알기로는 아니야.
Not that I know of.

⌐ **Real-life Conversation** ⌐

A: Sorry about that.
B: Don't worry! No big deal.
A: 그거 정말 유감이야. B: 걱정 마! 별거 아냐.

A: Lend me some more money.
B: No way. You're a pain in the neck.
A: 돈 좀 더 빌려줘. B: 안돼. 너 진짜 성가신 놈이네.

Any other questions?
다른 질문 있어요?

 핵심포인트

Any+N~ ? 뭐…?
Anything+adj[to+V]~? 뭐… ?

이번에는 Any나 Anything으로 시작되는 의문문 형태의 초간단 표현들을 몇 개 알아본다.
앞에 Is there~가 생략된 것으로 Any 다음에는 명사를, Anything 다음에는 형용사 혹은
to+V를 붙이면 된다. 뭐 다른거 있냐라는 Anything else? 혹은 뭐 새로운거 있냐고 물어
보는 Anything new? 등이 기본이다.

이럴땐 이렇게 말해야!

1 다른 질문 있어요?
   Any other questions?

2 메시지 온 것 있어요?
   Any messages for me?

3 (세관)신고할 거 있습니까?
   Anything to declare?

4 뭐 잘못된거라도 있어?
   Anything wrong?

5 뭐든지 말만해.
   Anything you say.

Real-life Conversation

A: Take me home right now.
B: Anything you say.
A: 지금 집으로 데려다 줘. B: 뭐든 말만 해.

A: The professor was caught taking money illegally.
B: So? What else is new?
A: 교수가 불법으로 돈받다 걸렸어. B: 그래서? 뭐 더 새로운 소식은 없고?

Here's good news for you
네게 좋은 소식이 있어

 핵심포인트

Here is[are]+N 여기… 가 있어

Here is[are]~ 는 상대방에게 뭔가를 건네주면서 하는 말로 "여기 …있어"라는 표현이다. 건네주는 물건의 단수복수에 따라 is 혹은 are를 쓰면 된다. 또한 Here's to~!라는 표현이 있는데 이는 술자리에서 "…을 위하여!"라고 하는 말. Here로 시작하는 관용표현으로는 Here we are(자 도착했다, 자 여기 있어), Here we go(자 시작해볼까), Here it is(자 받아), Here it comes(자 받아, 또 시작이군) 등이 있다.

> **이럴땐 이렇게 말해야!**

1 네게 좋은 소식있어.
Here's good news for you.

2 여기 네게 줄거야.
Here's something for you.

3 여기 계산서입니다.
Here's your bill.

4 여기 내 명함요.
Here's my business card.

5 당신의 건강을 위하여.
Here's to your health.

> **Real-life Conversation**

A: Do you have any identification?
B: Here are my passport and driver's license.
A: 신분증명할거 뭐 있어요? B: 여기 여권과 운전면허증 있습니다.

A: Here is your birthday gift.
B: You are the best. I love you so much!
A: 여기 생일선물야. B: 네가 최고야. 널 정말 사랑해!

Pattern 068 ···가 있어

There's a phone call for you
너한테 전화왔어

✎ 핵심포인트

There is[are]+N ···가 있어

There is[are]~ 는 생기본 표현으로 "···가 있다"라는 뜻. 다음에 오는 명사의 단복수에 따라 is 혹은 are를 선택하면 된다. 아울러 Is there~? 및 Are there~?의 의문문 형태도 함께 알아둔다. There~ 로 시작하는 관용표현으로는 There you go(자 받아, 거봐 내 말이 맞지, 그래 그렇게 하는거야), There you go again(또 시작이군), 그리고 There it is(자 여기 있어) 등이 있다.

이럴땐 이렇게 말해야!

1 여기 할 일이 너무 많아.
There is **a lot of work to do here.**

2 핸드폰에 좀 문제가 있어.
There is **some problem with the cell phone.**

3 확실해 그래.
There is **no doubt about it.**

4 저 만한게 없지.
There is **nothing like that.**

5 악의는 아냐.
There are **no hard feelings on my part.**

Real-life Conversation

A: You work too hard, Chris.
B: Yes, but there is **always something to do.**
A: 크리스, 너 일이 너무 많아. B: 맞아, 하지만 할 일이 끊이지 않아.

A: I'm sorry that we argued.
B: There are **no hard feelings on my part.**
A: 다투어서 미안해. B: 기분 나쁘게 생각하지마.

What a relief!
참 다행이야!

 핵심포인트

What+(adj)+N! 정말 …해!
How+adj! 정말 …해!

감탄문을 만들어내는 건 What과 How가 있지만 실제 구어체에서는 전자인 What a ~? 를 많이 애용한다. 간단히 What a+(형용사)+명사!의 형태를 쓰거나 혹은 좀 더 길게 말하려면 뒤에 S+V를 붙이면 된다. How~ 역시 How nice!처럼 How+형용사!형태로 쓰이며 What a~의 경우와 마찬가지로 뒤에 역시 S+V를 붙일 수도 있다.

> **이럴땐 이렇게 말해야!**

1 안됐구나!
   What a shame[pity]!

2 정말 놀랍군!
   What a surprise!

3 참 실망스럽네!
   What a disappointment!

4 참 다행이야!
   What a relief!

5 와 멋져라!
   How nice!

> **Real-life Conversation**

A: What a day! I'm really tired.
B: Do you want to take a nap before dinner?
A: 정말 짜증나는 날이네! 정말 피곤해. B: 저녁먹기 전에 낮잠 잘래?

A: How interesting you met your girlfriend online.
B: Yeah, I feel lucky about that.
A: 온라인에서 여친을 만났다니 정말 재미있구만. B: 어, 운이 좋은 것 같아.

MEMO

Section 02

이젠 영어로 Talk Talk 말할 수 있다!

Pattern 001 - 095

I like to **take walks**
산책하는 걸 좋아해

 핵심포인트   S=주어, V=동사, N=명사, adj=형용사, adv=부사, prep=전치사

I like+N[to+V, ~ing] ···(하는 것)을 좋아해
I don't like+N[to+V,~ing] ···(하는 것)을 좋아하지 않아

I'd like~과는 달리 I like+명사[to+동사, ~ing]는 지금 하고 싶은 걸 말하는게 아니라 일반적으로 내가 좋아하는 것을 표현할 때 사용하는 구문이다. 반대로 싫어하는 걸 말하려면 I don't like+명사[to+동사, ~ing]의 형태를 사용하면 된다. 간단히 I like that하면 "그거 좋아," "맘에 든다"라는 의미이고 I'd like that하면 상대방의 제안에 대해 "그러면 좋지"라는 의미이다.

> 이럴땐 이렇게 말해야!

1   난 네가 제일 좋아.
     I like **you the best.**

2   산보하는 걸 좋아해.
     I like to **take walks.**

3   TV에서 좋은 영화 보는 걸 좋아해.
     I like **watching good movies on TV.**

4   클래식음악 듣는 걸 좋아해.
     I like **listening to classical music.**

5   세탁하는 걸 싫어해.
     I don't like **doing the washing.**

> **Real-life Conversation**

A: Why don't you slow down a bit?
B: I like to drive fast.
A: 좀 천천히 가자. B: 난 빨리 달리는 걸 좋아해.

A: I'll make you a nice martini.
B: Actually, I don't like martinis.
A: 맛있는 마티니 만들어줄게. B: 실은, 마티니 안 좋아하거든.

Do you like **working there?**

거기서 일하는거 좋아해?

 핵심포인트

Do you like+N? …을 좋아해?
Do you like to+V[~ing]? …하는 것을 좋아해?

상대방에게 일반적으로, 통상적으로 좋아하는 것을 물어보는 표현. "…(하는 것)을 좋아해?" 라는 의미의 Do you like+명사[to+동사, ~ing]?를 이용하면 된다. "커피마시는거 좋아해?" 는 Do you like to drink coffee?, "랩음악 좋아해?"는 Do you like rap music?이라고 하면 된다. 구어체에서는 간단히 You like~ 라 쓰기도 한다. "존, 너 게임하는거 좋아하지?"는 You like to play games, John?, "만화책 좋아하지, 맞지?"는 You like comic books, right?라 하면 된다.

이럴땐 이렇게 말해야!

1   그거 좋아해?[맘에 들어?]
    Do you like it?

2   저런 음악 좋아해?
    Do you like that kind of music?

3   골프치는거 좋아해?
    Do you like to play golf?

4   거기서 일하는거 좋아해?
    Do you like working there?

5   컴퓨터게임 하는거 좋아해?
    Do you like playing computer games?

Real-life **Conversation**

A: Do you like working in education?
B: It's challenging work.
A: 교육 쪽에서 일하는게 좋아? B: 만만치 않은 일야.

A: Would you like to go out to lunch with me?
B: Sure. Do you like to eat at Hooters?
A: 나랑 점심 먹으러 나갈래? B: 그래. 후터즈에서 먹는거 좋아해?

I'd like to propose a toast
건배하자, 건배할게요

 핵심포인트

I'd like+N ···로 주세요
I'd like to+V ···하고 싶어

다시 한번 정리하자면 I like~는 나의 성향이나 취미를 말할 때 쓰는 표현으로 "···을(하기를)
좋아한다"는 의미인 반면 I'd(would) like~는 "내가 지금 ···을 원하거나," "···을 하고 싶다"는
'지금,' '현재'의 마음을 표현한다. 당연히 쓰임새는 I'd like~가 훨씬 많다. I'd like+명사[to~]의
형태로 쓰이는데 I'd like+명사 패턴의 경우는 I'd like it medium rare please(반쯤 살짝
익혀주세요)처럼 특히 음식점 등에서 "···로 주세요"라고 주문할 때 많이 쓰인다. I'd love to~
도 역시 I'd like to~와 같은 의미.

> 이럴땐 이렇게 말해야!

1   창가 좌석으로 주세요.
   I'd like **a window seat.**

2   커피에 우유를 타 주세요.
   I'd like **my coffee with milk.**

3   너와 그거에 대해 얘기하고 싶어.
   I'd like to **talk to you about that.**

4   건배하자.
   I'd like to **propose a toast.**

5   너희들 와줘서 고마워.
   I'd like to **thank you guys for coming here.**

> Real-life Conversation

A: Who do you want to speak to?
B: I'd like to speak with Mark.
A: 어느 분을 바꿔드릴까요? B: 마크 씨와 통화하고 싶은데요.

A: I'd like to buy this coat.
B: Will that be cash or charge?
A: 이 코트를 사고 싶은데요. B: 현금요 아님 신용카드로 하시겠어요?

I'd like you to come to my party
네가 내 파티에 오기를 바래

 핵심포인트

I'd like you to+V 네가 …해줘

이번에는 I'd like~를 응용한 구문. I'd like you to~의 형식으로 내가 하고 싶은 것이 아니라 'you'가 to 이하를 하기를 원한다는 내용의 표현법이다. 즉 상대방에게 "…을 해달라"고 부탁할 때 사용하는 표현이다. 특히 사람을 소개할 때 많이 사용된다. 비슷한 표현으로는 I want you to~, I need you to~ 가 있다.

이럴땐 이렇게 말해야!

1 지금 당장 떠나줘.
   I'd like you to **leave right now.**

2 걔하고 얘기를 해봐.
   I'd like you to **talk with her.**

3 네가 내 파티에 오기를 바래.
   I'd like you to **come to my party.**

4 걔를 만나봐.
   I'd like you to **meet with her.**

5 너한테 소개할 사람이 있어.
   There's someone I'd like you to **meet.**

Real-life Conversation

A: I'd like you to finish the project as soon as possible.
B: Alright, I'll get right on it.
A: 가능한 한 빨리 이 프로젝트를 끝내 줘. B: 그래, 잘 알았어.

A: I'd like you to stay with me tonight.
B: I can stay a little longer but I have to go home at 12.
A: 오늘 밤 안 갔으면 좋겠어. B: 더 있을 수 있지만 12시에는 집에 가야 돼.

Would you like to come in?
들어올래?

 핵심포인트

Would you like+N? ···할래?
Would you like+N+pp? ···을 ···하게 할까?
Would you like to+V? ···할래?

앞서 배운 I'd like+명사[to]~의 의문문 형식으로 상대방이 ···을 원하는지, 하고 싶은지를 물어보는 표현. Would you like+명사?의 경우는 I'd like+명사의 경우에서처럼 음식관련 상황에서 유용하게 쓰인다. 조금 어렵지만 한 단계 응용된 표현으로 Would you like+명사+~pp?가 있는데 이는 "···를 pp하게 할까요?"라는 의미로 단순히 명사를 원하는게 아니라 명사를 어떤 상태로 하기를 원하느냐고 물어보는 문장이다.

이럴땐 이렇게 말해야!

1 마실 것 좀 줄까요?
 Would you like something to drink?

2 애피타이저 드실래요?
 Would you like an appetizer?

3 나랑 점심먹으러 갈래?
 Would you like to go out to lunch with me?

4 언제 나하고 데이트할래?
 Would you like to go out with me sometime?

5 이 물건들을 배달해 드릴까요?
 Would you like these items delivered?

Real-life Conversation

A: Would you like to go to a movie sometime?
B: Yeah, that'd be great. I'd love it.
A: 나중에 한번 영화볼래요? B: 그래요, 좋겠네요. 그럼 좋죠.

A: Would you like to leave a message?
B: That's okay. I'll call again later.
A: 메모 남기시겠어요? B: 괜찮아요. 나중에 전화 할게요.

I want to **ask you something**

너한테 뭐 좀 물어볼게

 핵심포인트

I want+N ···로 줘, ···을 원해
I want to+V ···할래

내가 원하는 걸 말한다는 점에서 I'd like~와 같은 의미이지만 I'd like~가 부드러운 표현임에
반해 I want~은 친구 등 친밀한 사이에서 격의없이 말할 때 사용하는 표현. I want+명사의
경우 I want to+동사~ 에 비해 별로 쓸 기회가 적은데 I want a baby(애기를 갖고 싶어),
I want a marriage(결혼하고 싶어) 그리고 I want a rematch(다시 붙고 싶어) 등의 예
를 참고로 한다.

이럴땐 이렇게 말해야!

1 솔직하게 대답해줘.
   I want **a straight answer.**

2 섹시하고 소형 컨버터블을 원해요.
   I want **a sexy little convertible.**

3 그거에 대해 너하고 얘기하고 싶어.
   I want to **talk to you about that.**

4 뭐 좀 물어볼게.
   I want to **ask you something.**

5 도와줘서 고마워요.
   I want to **thank you for helping me.**

Real-life Conversation

A: I want to **reconfirm my reservation.**
B: What is your flight number?
A: 예약을 재확인하려구요. B: 비행편 번호가 어떻게 되시죠?

A: I want to **live with you too! Let's do that!**
B: But I don't think I can.
A: 너와 동거하고 싶어! 그렇게 하자! B: 하지만 안될 것 같아.

I want you to **ask her something**
난 네가 걔에게 뭔가를 물어봤으면 해

 핵심포인트

I want you to+V 네가 …해줘

이번에는 상대방에게 뭔가 부탁하거나 바랄 때 혹은 사람을 소개시켜줄 때 긴요하게 사용할 수 있는 I want you to+V를 연습해본다. I want you to leave!처럼 문맥에 따라서는 상대방에게 명령조로 말할 때도 쓰인다. 또한 많이 쓰이는 I want you to know~(…을 알아줘) 패턴도 함께 알아둔다.

이럴땐 이렇게 말해야!

1 인사해, 내 친구 샘야.
   I want you to **meet my friend, Sam.**

2 네가 행복했으면 해.
   I want you to **be happy.**

3 너 당장 걔한테 사과해.
   I want you to **apologize to her right now.**

4 난 네가 이걸 진지하게 받아들이길 바라!
   I want you to **take this seriously!**

5 넌 이 일에서 혼자가 아니라는 걸 알아줘.
   I want you to **know you're not gonna be alone in this.**

Real-life Conversation

A: Julie, I want you to meet my friend. This is Peter.
B: Hi! Nice to meet you.
A: 줄리야, 인사해, 내 친구 피터야. B: 안녕! 만나서 반가워.

A: I want you to have a look at this schedule.
B: I'll give it back to you after lunch.
A: 이 일정표 좀 한번 봐 줬으면 좋겠는데. B: 보고 점심 후에 돌려주도록 할게.

I don't want to talk about this
이 얘기하고 싶지 않아

✎ 핵심포인트

I don't want to+V ···하고 싶지 않아

내가 ···을 하고 싶지 않다고 할 때는 I want~의 부정으로 I don't want to~하면 된다. "···하고 싶지 않아"라는 의미로 I don't want~ 다음에 동사를 이어서 쓰면 된다. 반대로 상대방이 "···하기를 원치 않는다"고 할 때는 I don't want you to+동사라 한다.

이럴땐 이렇게 말해야!

1 무례를 범하고 싶지 않아.
   I don't want to be rude.

2 너를 잃고 싶지 않아.
   I don't want to lose you.

3 매일 야근하고 싶지 않아.
   I don't want to work overtime every day.

4 이 얘기하고 싶지 않아.
   I don't want to talk about this.

5 네가 다시 다치는 것은 바라지 않아.
   I don't want you to get hurt again.

Real-life Conversation

A: Do you want to know?
B: No, I don't want to know, absolutely not.
A: 알고 싶어? B: 아니, 전혀 알고 싶지 않아.

A: Let's talk about it.
B: No, I don't want to talk about it.
A: 그게 관해서 얘기하자. B: 아니, 그 얘기하고 싶지 않아.

Do you want to go out with me?
나랑 데이트하고 싶어?

 핵심포인트

Do you want+N? ···을 원해?
Do you want to+V? ···할래?

상대방이 필요한게 무언지 또 무엇을 하고 싶은지 등 상대방의 의향을 물어보거나 혹은 상대
방에게 필요한 것을 권유하는 내용으로 "···할래?," "···하고 싶어?"의 뜻이다. 특히 Would
you like+명사?와 마찬가지로 Do you want+명사?의 경우는 Do you want soup or
salad?, Do you want some chicken?처럼 음식 등을 권할 때 자주 사용된다. 특히 Do
you want some?하면 "좀 먹을래?," Do you want some more?하면 "좀 더 먹을래?"
라는 뜻으로 식사 시 요긴하게 써먹을 수 있는 표현들이다.

이럴땐 이렇게 말해야!

1 토요일에 데이트할래?
  Do you want a date Saturday?

2 같이 갈래?
  Do you want to come along?

3 그거에 대해 얘기하고 싶어?
  Do you want to talk about it?

4 나랑 데이트하고 싶어?
  Do you want to go out with me?

5 술 한잔 사줄래?
  Do you want to buy me a drink?

Real-life Conversation

A: Do you want to come with us for drinks?
B: Why not?
A: 우리와 같이 한잔하러 갈래? B: 그러지 뭐.

A: Do you want to get a cup of coffee?
B: Yeah, okay.
A: 커피한잔 할래? B: 그래, 좋아.

Do you want me to **check again?**
내가 확인 다시 해볼까요?

 핵심포인트

Do you want me to+V? 내가 …해줄까?

Do you want to~를 응용한 표현. want 다음에 me가 있어 좀 복잡한 느낌이 들지만 상대
방의 의중을 확인하거나(Do you want me to quit?) 혹은 내가 상대방에 해주고 싶은 걸
제안할 때(Do you want me to teach you?) 쓸 수 있는 표현으로 "…하라고요?," "내가
…해줄까?"라는 의미. 좀 공손히 말하려면 Would you like me to+동사?(내가 …할까요?)
라고 하면 된다.

이럴땐 이렇게 말해야!

1 확인 더 해볼까요?
 Do you want me to check again?

2 내가 가르쳐줄까?
 Do you want me to teach you?

3 사무실까지 태워다 줄까?
 Do you want me to give you a ride to the office?

4 그거 내가 할까요?
 Do you want me to do it?

5 너와 같이 가자고?
 Do you want me to go with you?

Real-life Conversation

A: Do you want me to check again?
B: Well yeah, I wish that you would.
A: 다시 확인해볼까요? B: 어 그래, 그랬으면 좋겠네.

A: Do you want me to give you a ride to the airport?
B: Yes, I would really appreciate it.
A: 내가 공항까지 태워다 줄까? B: 그래주면 정말 고맙지.

I need to **talk to you**
너하고 얘기를 해야 돼

✎ 핵심포인트

I need+N[to+V] ···가 필요해, ···해야겠어
I don't need to+V ···하지 않아도 돼, ···할 필요가 없어(=I don't have to+V)

I need+명사[to+동사]는 "···가(하는 것이) 필요하다"라는 의미로 I have to+동사와 같은 맥락이지만 나의 기호나 기분에 따라 원하는 것이 아니라 내가 처한 사정상 "···가 꼭 필요하다"고 말하는 것으로 자신의 필요가 꼭 이루어져야 한다는 강한 느낌을 주는 표현이다. 부정은 I don't need to+동사로 "···하지 않아도 돼," "···할 필요가 없어"라는 의미.

이럴땐 이렇게 말해야!

1 좀 쉬어야겠어.
   I need **some rest.**

2 결정할 시간이 더 필요해.
   I need **more time to decide.**

3 좀 자야겠어.
   I need to **get some sleep.**

4 사무실로 돌아가야 돼.
   I need to **get back to the office.**

5 시험 볼 필요가 없어.
   I don't need to **take a test.**

Real-life Conversation

A: Hey, I need to talk to you.
B: What's the matter?
A: 저기, 얘기 좀 하자. B: 무슨 일인데?

A: Have you asked to borrow her phone?
B: I don't need to borrow a phone now.
A: 걔한테 핸드폰 빌려달라고 했어? B: 지금은 핸드폰을 빌릴 필요가 없어.

I need you to focus
네가 집중해줘

 핵심포인트

I need you to+V 네가 …해줘

내가 …을 해야 하는(I need to~)게 아니고 상대방보고 to~이하를 하는게 필요하다고 할 때는 I need you to+V의 형태로 쓰면 된다. 주로 지시나 가벼운 명령 혹은 상황에 따라 부탁을 할 때 등 다양한 문맥에서 사용된다.

이럴땐 이렇게 말해야!

1 서류에 서명을 해줘.
   I need you to **sign the document.**

2 내일까지 이걸 마무리해줘.
   I need you to **finish this by tomorrow.**

3 이리로 와서 누구 좀 만나봐.
   I need you to **come over here and meet someone.**

4 너 약 좀 먹어야겠어.
   I need you to **take some medicine.**

5 내가 이걸로 얼마나 미안한지 알아줘.
   I need you to **know how sorry I am for this.**

Real-life Conversation

A: I need you to **copy the minutes and distribute them.**
B: To everybody or just the board members?
A: 이 의사록을 복사해서 나눠주도록 하게. B: 모두에게요, 아니면 이사회 임원들에게만요?

A: I need you to **tell me what really happened, okay?**
B: She wanted to have sex.
A: 진짜 무슨 일이 있었는지 말해봐, 어? B: 걔가 섹스하기를 원했어.

Do you need to go now?

너 지금 가야 돼?

✎ **핵심포인트**

Do you need+N? ···가 필요해?
Do you need to+V? ···을 해야 돼?
Do you need me to+V? 내가 ···을 해야 돼?

Do you need to+동사~?로 상대방이 "···을 꼭 해야 하냐?"고 물어보는 표현. Do you have to+동사~?와 같은 맥락의 표현이지만 구어체에서 사용빈도가 높은 관계로 별도로 연습해보도록 한다. Do you need+명사~?가 되면 "···가 필요하냐?"고 물어보는 표현. 조금 변형하여 Do you need me to+동사?하면 "내가 ···해줄까?"라는 의미로 "내가 함께 가줄까?"라고 하려면 Do you need me to go with you?라고 하면 된다.

이럴땐 이렇게 말해야!

1 내가 도와줄까?
   Do you need my help?

2 뭐 다른거 필요해?
   Do you need anything else?

3 시간 더 필요해?
   Do you need more time?

4 쉬어야 돼?
   Do you need to rest?

5 내가 너와 함께 가줄까?
   Do you need me to go with you?

Real-life Conversation

A: I'm sorry to trouble you, but could you hold the door?
B: Sure, do you need a hand?
A: 미안하지만, 문 좀 잡아주실래요? B: 그럼요, 도와드릴까요?

A: Do you need to get up early tomorrow morning?
B: Yeah. Please set the alarm for 7 a.m.
A: 내일 아침 일찍 일어나야 돼? B: 어. 7시로 알람 좀 해줘.

Do you have any **problems?**

뭐 문제라도 있어?

 핵심포인트

Do you have any+N? …가 좀 있어?
Do you have anything about+N? …에 대해 뭐 좀 있어?

Do you have~?의 변형으로 특히 상대방이 갖고 있는지 여부가 불확실할 경우에는 명사 앞에 any를 붙여 Do you have any+명사~?라고 말할 수 있다. "…하는 …가 좀 있어?"라 는 말. 그리고 Do you have anything about+명사~?라고 하면 "…에 대해 뭐 좀 있어?" 라는 의미가 된다.

이럴땐 이렇게 말해야!

1 저녁 식사 계획 뭐 있어?
 Do you have any plans for dinner?

2 우리에게 무슨 질문이라도 있어?
 Do you have any questions for us?

3 뭐 문제라도 있어?
 Do you have any problems?

4 뭐 생각해둔거라도 있어?
 Do you have anything in mind?

5 오늘밤 뭐 계획있어?
 Do you have any plans for tonight?

Real-life Conversation

A: Do you have any messages?
B: No one called while you were at lunch.
A: 메시지 뭐 온거 있어? B: 점심식사하실 때 아무 전화도 없었어요.

A: Please make yourself comfortable.
B: Alright. Do you have any snacks?
A: 편히 해. B: 그래. 과자 좀 있어?

It's hard to **believe**
믿기가 어려워

 핵심포인트

It is hard[difficult] to+V …하는게 어려워
It is easy to+V …하는게 쉬워

It is+형용사+(for 사람)+to+동사의 형태 중 가장 많이 쓰이는 것 중의 하나로 It is hard[difficult] to+동사~나 It is (not) easy to+동사~의 형태로 어떤 일이 하기 쉽다거나 아님 어렵다거나 말할 때 많이 애용되는 표현이다. 응용표현으로 It's hard to believe that S+V(…라는게 믿기지 않아), It's hard to tell[say] 의문사+S+V(…을 말하기[구분하기] 어려워) 등이 있다.

이럴땐 이렇게 말해야!

1 설명하기 어려워.
It's hard to **explain.**

2 뭐라 말하기가 힘드네요.
It's hard to **say.**

3 난 여자한테 작업하는게 어려워.
It's hard to **get women to go out with me.**

4 자기 분수이상으로 소비하는 건 쉬워.
It's easy to **spend more than you have.**

5 데이트날 떨리기 마련이지.
It's easy to **get nervous on dates.**

Real-life Conversation

A: It's difficult to work for uptight bosses.
B: You can say that again!
A: 깐깐한 사장과 일하는 건 힘들어. B: 누가 아니래!

A: It is easy to see why everyone likes the new guy.
B: He's incredibly funny.
A: 그 신입사원을 모두가 좋아하는 이유는 뻔해. B: 그 친구 정말이지 재미있는 사람이더군

It's time for me to go home
나 집에 가야 할 시간이야

 핵심포인트

It's time for+N[to+V] ···할 시간이야
It's (high) time (that) S+V (벌써) ···할 시간이 지났어

It's time (for+사람) to+동사[(that)주어+동사]~라는 표현으로 "···할 시간이 되었다"라는 의미. 절이 올 경우 시간의 순서상 ···할 차례가 되었다는 것이 아니라 의당 벌써 했어야 하는 일인데 좀 늦은 감이 있다라는 뉘앙스를 풍기는 표현. 일종의 현재사실과 반대가 되는 사실을 말하는게 되어 It's time you got a job(네가 직장을 가져야 할 때다)처럼 과거형을 쓰게 된다. 늦은 감을 더 강조하려면 time 앞에 high를 붙여 It is high time~이라고 하면 된다. 물론 It's time for dinner(저녁먹을 때다)처럼 바로 명사가 올 수도 있다.

이럴땐 이렇게 말해야!

1 자러 가야 갈 시간야.
   It's time to go to bed.

2 나 집에 갈 시간야.
   It's time for me to go home.

3 네가 선택할 시간야.
   It's time for you to make a choice.

4 이제 헤어질 시간야.
   It's time to say good-bye.

5 이거에 대해 얘기해야 될 것 같아.
   I guess it's time we talked about this.

Real-life Conversation

A: It's time to leave for the party.
B: I'll meet you down in the lobby.
A: 파티에 가야 할 시간이야. B: 아래 로비에서 보자.

A: It's time for the kids to go to bed.
B: Is it really getting so late?
A: 아이들이 자야 될 시간이야. B: 벌써 시간이 그렇게 되었어?

Pattern 017 …해도 돼?

Is it okay to **come in?**
들어가도 돼?

 핵심포인트

Is it okay[all right] to+V? …해도 돼?
Is it okay[all right] if S+V? …해도 돼?

It is okay (for+사람)+to+동사~를 의문문 형태로 바꾼 표현이다. 상대방의 허락을 받기 위한 것으로 "…해도 돼?," "…해도 괜찮아?"라는 뜻으로 Is it okay to+동사[if 주어+동사] 형태로 많이 쓰인다. 'for+사람'은 생략되는 경우가 많고 okay 대신에 all right을 써도 된다.

이럴땐 이렇게 말해야!

1 네게 이거 이야기해도 돼?
   Is it OK to talk to you about this?

2 사과주스 마저 다 마셔도 될까?
   Is it okay if I finish the apple juice?

3 네 여동생과 데이트해도 괜찮아?
   Is it okay if I go out with your sister?

4 이 물건 여기에 놔둬도 돼?
   Is it okay if I leave this stuff here?

5 하나 더 물어봐도 돼?
   Is it all right if I ask you one more question?

Real-life Conversation

A: Is it okay if I phone after lunch?
B: No problem. I'll talk to you then.
A: 점심시간 후에 전화해도 되니? B: 상관없어. 그럼 그때 얘기하자.

A: Is it okay for me to come in now?
B: Of course!
A: 내가 이제 들어가도 돼? B: 물론!

Is it possible that **she's coming back?**
개가 돌아올 수도 있을까?

✏ 핵심포인트

Is it possible to+V? ···가 가능할까?, ···일까?
Is it possible (that) S+V? ···가 가능할까?, ···일까?

어떤 가능성을 물어보는 표현. "···할 가능성이 있냐?"는 의미로 Is it possible to+동사
[(that)주어+동사]~?, 또한 가능할 수도 있다고 말하려면 It is possible to+동사[(that)주
어+동사]~라 하면 된다. 물론 반대로 불가능하다고 말하려면 possible 대신에 impossible
을 사용하면 된다. 한편 간단히 That's (im)possible하면 "그럴 수도 있어," "말도 안돼"라
는 뜻으로 구어체에서 많이 쓰인다. 좀 부드럽게 쓰려면 I don't think that's possible(그
럴 리가 없을 길)이라고 하면 된다.

 이럴땐 이렇게 말해야!

1 네가 걔 보지 못했을 수도 있어?
   Is it possible **you just didn't see her?**

2 걔가 네 소리를 못 들었을 수도 있어?
   Is it possible **he didn't hear you?**

3 내가 암일 수도 있나요?
   Is it possible **that I have cancer?**

4 걔 아파트를 찾는 건 불가능해.
   It's impossible to **find her apartment!**

5 해결책을 찾을 수가 없어.
   It's impossible to **find the solution.**

(**Real-life Conversation**)

A: It's impossible to find her office.
B: Why don't we check this area again?
A: 걔 사무실 찾을 수 없을 것 같아. B: 이 지역을 다시 한번 둘러보자.

A: The iPad you sold me is broken.
B: That's impossible. It was working great.
A: 네가 나에게 판 아이패드가 망가졌어. B: 말도 안돼. 잘 돌아갔었는데.

Is this your first time to **do that?**

이거 네가 처음 해보는거야?

 핵심포인트

Is this your first time to+V? …가 처음이야?
It's the first time S+V …가 처음이야

Is this your first time to+V~[that S+V]~? 형태로 상대방에게 …하는 것이 처음이냐고 물어보는 표현이다. "…하는 것이 처음이야[아니야]"라고 하려면 It's (not) the first time to+V~[that S+V]~라고 하면 된다. 또한 간단히 This is [not] my first time하면 "난 처음이야[아니야]"라는 뜻이 된다.

이럴땐 이렇게 말해야!

1 이거 네가 처음 해보는거야?
Is this your first time to **do it?**

2 마이클을 처음 보는거야?
Is this the first time **you're seeing Michael?**

3 난 여기 오는 건 처음이야.
This is my first time to **come here.**

4 네가 그렇게 말한 건 처음이었어.
That was the first time **you said that.**

5 걔가 내게 말한 건 처음이 아니야.
It's not the first time **he talked to me.**

Real-life Conversation

A: Have you ever fractured your leg before?
B: No, this is my first time.
A: 전에 다리가 부러진 적 있습니까? B: 아니요, 이번이 처음이예요.

A: Is this your first time to visit England?
B: Yes, and I'm having a great time.
A: 이번이 영국을 처음 방문하는거야? B: 어, 아주 즐거운 시간을 보내고 있어.

You'd better do it right now
지금 당장 그것을 하는게 좋을거야

✎ 핵심포인트

You'd better+V …해라
You'd better not+V …하지 마라

You'd better+동사는 보통 친구나 아랫사람에게 하는 말로 "…해라," "…하는게 좋을거야" 라는 뜻으로 충고내지는 문맥에 따라서는 경고로 쓰이기도 한다. 보통 줄여서 You'd better, I'd better, we'd better로 쓰고 아예 had를 빼고 I(We, You) better+동사라고 쓰기도 하고 심지어는 인칭도 빼고 Better+동사라 쓰기도 한다. 부정형은 You'd better not do this처럼 better 다음에 not을 붙이면 된다.

이럴땐 이렇게 말해야!

1 내일 늦지 않도록 해라.
   You'd better be on time tomorrow.

2 그거 당장 하는게 좋을 걸.
   You'd better do it now.

3 조심해라.
   You'd better be careful.

4 출발해야겠어.
   I'd better get going.

5 다시 일해야겠어.
   I'd better get back to work.

Real-life Conversation

A: You'd better hurry up so we can go.
B: Okay, I will.
A: 같이 나가려면 서둘러. B: 알았어, 그럴게.

A: What should I tell Tony?
B: You better tell him the truth.
A: 토니한테 뭐라고 하지? B: 사실대로 말하는게 좋을거야.

You shouldn't be here
넌 여기 있으면 안돼

 핵심포인트

You shouldn't+V ···하지 마라
You mustn't+V ···하지 마라

should와 must의 부정형. You shouldn't+동사~, You mustn't+동사~ 하게 되면 상대
방에게 충고나 금지할 때 쓰는 표현으로 "···하지 마라," "···하지 않는게 좋겠어"라는 의미가
된다. 참고로 must는 "꼭 해야 하는 것"(Dessert is a must), must-not은 "꼭 하지 말아
야 할 것"(Using bad manners is a must-not in class)이라는 의미의 명사로도 쓰인
다는 것을 알아둔다.

이럴땐 이렇게 말해야!

1 어머니한테 그렇게 말하면 안돼.
   You shouldn't talk to your mother like that.

2 날 이런 식으로 대하면 안돼.
   You shouldn't treat me like this.

3 이력서에 거짓말을 해서는 안돼.
   You shouldn't lie on your resume.

4 이걸로 널 자책하지마.
   You shouldn't blame yourself for this.

5 그렇게 생각하면 안돼.
   You mustn't think like that.

Real-life Conversation

A: You shouldn't be so quick to judge!
B: I know, but she gave me a bad impression.
A: 그렇게 섣불리 판단해선 안돼! B: 알아, 하지만 걔가 내게 나쁜 인상을 줬어.

A: I don't want to live with my parents.
B: You shouldn't say things like that.
A: 부모랑 같이 살기 싫어. B: 그렇게 말하면 안되지.

You don't have to **do that**
넌 그렇게 할 필요가 없어

 핵심포인트

You don't have to+V …하지 않아도 돼, …할 필요없어
You don't need to+V …할 필요없어

You have to~의 부정형으로 You don't have to+동사는 "…할 필요가 없어," "…하지 않아도 돼"라는 의미. 앞서 배운 것처럼 need의 부정형을 써서 You don't need to+동사~라 해도 …할 필요가 없다라는 같은 의미의 말이 된다. 한편 I don't need[have] to+동사~하면 난 …안 해도 돼라는 의미이다. 여기에 머무를 필요가 없어라고 하려면 I don't need to stay here라고 하면 된다.

> **이럴땐 이렇게 말해야!**

1 미안하단 말은 할 필요없어.
   You don't have to say you're sorry.

2 미안해할 필요없어.
   You don't have to be sorry.

3 집까지 나하고 함께 걸어갈 필요없어.
   You don't have to walk me home.

4 그거에 대해 말할 필요없어.
   You don't need to talk about it.

5 그거 걱정할 필요없어.
   You don't need to worry about that.

(**Real-life Conversation**)

A: You don't have to say you're sorry.
B: Sure I do. It was all my fault.
A: 미안하단 말은 할 필요 없어요. B: 어떻게 그래요. 이게 다 제 잘못인데.

A: Please tell me what happened.
B: You don't need to know.
A: 무슨 일인지 말해봐. B: 알 필요없어.

Do you have to work tonight?
오늘밤에 일해야 돼?

 핵심포인트

Do you have to+V? …을 해야 돼?
Do we have to+V? 우리가 …을 해야 돼?

Do you have to+동사~?는 상대방이 어떤 일을 꼭 해야 하는 상황인지를 확인해볼 때 사용하는 표현. 우리말로는 "너 …을 해야 하니?," "…을 꼭 해야 돼?"라는 의미이다. 반면 Do we have to+동사~?하면 "우리가 …을 해야 돼?"라는 뜻의 표현.

> 이럴땐 이렇게 말해야!

1 오늘밤 일해야 돼?
   Do you have to work tonight?

2 지금 가야 돼?
   Do you have to go now?

3 그렇게 해야 돼?
   Do you have to do that?

4 일하러 돌아가야 돼?
   Do you have to go back to work?

5 우리 지금 이 얘기를 해야 돼?
   Do we have to talk about this right now?

> **Real-life Conversation**

A: I'm so stressed out these days.
B: Oh? Do you have to work on a big project?
A: 요즘 스트레스를 많이 받고 있어. B: 그래? 중요한 일을 해야 되는거야?

A: Do you have to go back to work?
B: It's okay. The boss won't be here until 6 o'clock.
A: 일하러 돌아가야 돼? B: 괜찮아. 사장은 6시나 되어야 돌아올거야.

Do I have to **decide right now?**
지금 결정해야 돼?

 핵심포인트

Do I have to+V? 내가 …을 해야 돼?
Should I+V? 내가 …을 해야 돼?

Do I have to+동사~?하게 되면 "내가 …을 꼭 해야 해?"라고 상대방의 의사를 묻는 표현이다. Do I need to~? 및 Should I ~?도 같은 의미로 쓰인다. 특히 Why와 결합하여 "내가 왜 …을 해야 돼?"라는 문장이 자주 쓰인다. 예를 들어서 "내가 왜 걔에게 말해야 돼?"는 Why do I have to tell her?, "내가 왜 사과해야 돼?"는 Why do I have to apologize?라고 하면 된다.

이럴땐 이렇게 말해야!

1 지금 결정해야 돼?
   Do I have to decide right now?

2 걔가 들를 때까지 기다려야 돼?
   Do I have to wait here until he drops by?

3 택시를 타야 돼?
   Should I take a taxi?

4 내 여친 데려와야 돼?
   Should I bring my girlfriend?

5 거기 혼자 가야 돼?
   Should I go there alone?

Real-life Conversation

A: Do I have to complete this report?
B: You should finish what you start.
A: 이 보고서 끝내야 돼요? B: 시작한 건 끝내야지.

A: Do I have to stay here any longer?
B: No. You are free to go now.
A: 여기에 더 있어야 합니까? B: 아뇨. 이제 가도 됩니다.

I'll try to forget it
잊도록 할게

 핵심포인트

I'll try to+V ···하도록 할게

try는 다음에 주로 명사나 to+동사가 목적어로 와서 "(아직 해보지 않은 것을 해보다," "시도하다"라는 뜻이 된다. 특히 명사가 목적어로 올 경우에는 I'll try my best(최선을 다할거야)처럼 '시도하다'라는 의미이지만 "Try kalbi"처럼 음식이 올 경우에는 '먹어보다'라는 의미가된다. 특히 try 다음에 옷 등이 올 경우에는 try it on처럼 'on'을 붙여야 한다는 것을 기억해둔다.

이럴땐 이렇게 말해야!

1 잊도록 할게.
  I'll try to forget it.

2 이거에 집중하려고 하고 있는거야.
  I'm just trying to focus on this.

3 사람들과 더 잘 어울리도록 해야 돼.
  We should try to be more social with people.

4 난 그저 널 도와주려는거였어.
  I was just trying to help you.

5 걘 널 기분좋게 해주려는거였어.
  She was just trying to make you feel better.

Real-life Conversation

A: And I am just trying to figure out why.
B: Any luck?
A: 그리고 이유가 뭔지 알아내려고 하고 있어. B: 알아냈어?

A: You're causing problems, as always.
B: Don't get me wrong. I am trying to help you.
A: 늘 그렇듯 넌 문제를 일으키더라. B: 오해하지마. 그냥 도와주려는 것뿐이야.

Let me know **what you think**
네 생각이 어떤지 알려줘

 핵심포인트

Let me know 의문사+to+V ···하는 것을 알려줘
Let me know 의문사+S+V ···을 알려줘

Let me know+의문사(what, when, where, if~) 주어+동사의 구문으로 "···을 내게 알려달라"고 상대방에게 부탁할 때 쓰는 표현이다. 주어+동사 대신 의문사 to+동사~가 올 수도 있다. 앞에 Please를 붙여 Please let me know~ 라고 하거나 Could[Would] you let me know~라 부드럽게 물어볼 수도 있다. 단독으로 쓰이는 Please let me know(알려줘), You let me know(네가 알려줘) 등도 알아두자.

이럴땐 이렇게 말해야!

1 도움이 필요하면 그냥 알려줘.
   Just let me know if you need a hand.

2 네 생각이 어떤지 알려줘.
   Let me know what you think.

3 네가 어디 가는지 알려줘.
   Let me know where you go.

4 그게 어떻게 돼가는지 알려줘.
   Let me know how it goes.

5 걔가 언제 여기에 도착하는지 알려줘.
   Let me know when she gets here.

Real-life Conversation

A: Let me know if she likes me, okay?
B: You got it.
A: 걔가 날 좋아하는지 알려줘, 알았지? B: 알았어.

A: Let me know if you have any questions.
B: I'll keep that in mind.
A: 물어보고 싶은게 있으시면 알려주세요. B: 그렇게 할게요.

I'll let you know when I find it
내가 그걸 찾으면 알려줄게

✎ 핵심포인트

I'll let you know 의문사+S+V …을 알려줄게
When[If] S+V, I'll let you know …하면 알려줄게

이번에는 반대로 내가 아는 정보를 상대방에게 알려주겠다고 하는 말로 I'll let you know+
의문사(what, when, if~)+주어+동사의 구문. 순서를 바꿔 When[If] 주어+동사, I'll let
you know의 형태로도 많이 쓰인다.

이럴땐 이렇게 말해야!

1 내가 그걸 찾으면 알려줄게.
I'll let you know when I find it.

2 내가 끝마치면 알려줄게.
I'll let you know when I'm finished.

3 수술이 끝나면 알려줄게.
I'll let you know when the surgery is over.

4 뭐 새로운 정보를 알게 되면 알려줄게.
When we get any new information, I'll let you know.

5 우리가 뭐 좀 들으면 내가 바로 알려줄게.
If we hear anything, I will let you know right away.

Real-life Conversation

A: If we hear anything, I will let you know right away.
B: Okay, I will be waiting for your call.
A: 무슨 얘기 들으면 바로 알려줄게. B: 그래. 네 전화 기다리고 있을게.

A: I will let you know if she's getting better.
B: I hope she gets better soon.
A: 걔가 좀 나아지면 알려줄게. B: 걔가 빨리 나아지면 좋겠어.

Pattern 028 ···을 알고 있어

I know what I'm doing
내가 다 알아서 한다구

✎ 핵심포인트

I know+의문사(what, where, how···)+to+V? ···을 알고 있어
I know that[what, where, how···]+S+V ···을 알고 있어

내가 이미 알고 있다고 말하려면 I know (that)주어+동사 혹은 의문사를 이용하여 I know what[why, how]+주어+동사 형태로 쓰면 된다. 또한 I know how to do it처럼 I know 의문사+to+동사~형태로 간편히 말해도 아주 훌륭한 문장이 된다.

이럴땐 이렇게 말해야!

1 어디로 가야 할지 알아.
   I know where to go.

2 체스 어떻게 하는지 알아.
   I know how to play chess.

3 그 여자가 실수했다는 걸 알아.
   I know she made a mistake.

4 네 심정 알아.
   I know how you feel.

5 내가 다 알아서 한다구.
   I know what I'm doing.

Real-life Conversation

A: Don't worry. I know what I'm doing.
B: I hope so.
A: 걱정마. 내 일은 내가 알아서 하니까. B: 그러길 바래.

A: I can't wait to get out of here.
B: I know what you mean.
A: 여기서 나가고 싶어 죽겠어. B: 무슨 말인지 알아.

I don't know **what you're talking about**
네가 무슨 얘기를 하는지 모르겠어

✎ 핵심포인트

I don't know+의문사(what, where, how…)+to+V …을 몰라
I don't know that[what, where, how…]+S+V …을 몰라

I don't know~ 다음에 주어+동사의 절을 넣어서 "…을 잘 모른다"라고 말해보는 구문. 특히 I don't know what[how] S+V 및 "…인지 아닌지 모르겠어"라는 의미로 I don't know if ~가 많이 쓰인다. 물론 I don't know 의문사+to+동사~ 구문도 잊지 말 것. 물론 I don't know+명사의 형태로도 많이 쓰이는데 I don't know why(왜 그런지 이유를 모르겠어), I don't know about that(그거에 대해 모르는데), 그리고 I don't know anything about that(그거에 대해 전혀 몰라) 정도는 암기해두자.

이럴땐 이렇게 말해야!

1 이걸 영어로 뭐라고 하는지 모르겠어.
I don't know **how to say it in English.**

2 뭐라 해야 할지 모르겠네요.
I don't know **what to say.**

3 뭐라 감사해야 할지 모르겠네요.
I don't know **how to thank you.**

4 무슨 말인지 모르겠어.
I don't know **what you mean.**

5 그게 좋은 생각인지 모르겠어.
I don't know **if it's such a good idea.**

Real-life Conversation

A: I don't know **what I'm going to do.**
B: Don't worry. You can try again!
A: 뭘 해야 할지 모르겠어. B: 걱정마. 다시 한번 해봐!

A: I don't know **what to do.**
B: You want my advice?
A: 뭘 어떻게 해야 할지 모르겠어. B: 내가 조언해줄까?

Do you know **anything about that?**

그거에 대해 아는거 있어?

핵심포인트

Do you know+N? …을 알아?   **Do you know any+N?** 아는 …가 있어?
Do you know anything about+N[~ing]? …에 대해 좀 아는거 있어?

상대방이 "…에 대해 알고 있는지" 여부를 말하는 표현. 응용해 Do you know any+명사?는 "아는 …가 좀 있어?," 그리고 Do you know anything about+명사[~ing]?는 "…에 대해 뭐 좀 아는거 있어?"라는 뜻이 된다. 참고로 Do you know that?은 상대방에게 어떤 사실을 들어서 알고 있냐고 물어보는 것으로 상대방은 Yes나 No로 대답하지만 Do you know about that?은 Do you know about this? The earth's getting warmer(그거 알아? 지구가 더 더워지고 있어)에서 보듯 말하는 사람이 어떤 것을 화제로 얘기하고 싶을 때 꺼내는 말이다.

이럴땐 이렇게 말해야!

1 쇼핑몰로 가는 지름길 알아?
   Do you know the shortest way to the mall?

2 이 근처에 좋은 식당 뭐 알아?
   Do you know any good restaurants around here?

3 그 바이러스에 대해서 뭐 좀 아는거라도 있니?
   Do you know anything about the virus?

4 그거에 대해 아는거 있어?
   Do you know anything about that?

5 차 수리하는데 아는거 있어?
   Do you know anything about repairing a car?

Real-life Conversation

A: Do you know the manager well?
B: Yes I do. We are on a first name basis.
A: 매니저 잘 알아? B: 어 그래. 친한 사이야.

A: Do you know any good outlet malls in Chicago?
B: Nope. I've never been there.
A: 시카고에 좋은 아웃렛몰 있는거 좀 알아? B: 아니. 가본 적이 없어.

Do you know what I'm saying?
내가 하는 말 알아 들었어?

 핵심포인트

Do you know+의문사(what, where, how···)+to+V? ···을 알아?
Do you know+의문사(what, where, how+형용사) S+V? ···을 알아?

이번에는 Do you know~ 다음에 절을 붙이는 것으로 Do you know~ 다음에 what, how, where 등이 다양하게 오면서 각종 정보를 구하게 된다. 역시 Do you know 의문사+to+ 동사~? 패턴도 함께 연습해둔다. "누가 걜 좋아하는지 알아?"는 Do you know who likes him?, "걔가 지금 어디 있는지 알아?"는 Do you know where he is right now? 그리고 "날 정말 화나게 하는게 뭔지 알아?"는 Do you know what really bugs me?라고 한다.

이럴땐 이렇게 말해야!

1 그거 어떻게 고치[사용하]는지 알아?
   Do you know how to fix[use] it?

2 내 말 알아 들었어?
   Do you know what I mean?

3 전철역이 어디에 있는지 알아?
   Do you know where the subway station is?

4 내가 왜 웃고 있는지 알아?
   Do you know why I'm laughing?

5 티켓이 얼마나 되는지 알아?
   Do you know how much a ticket costs?

Real-life Conversation

A: Do you know how to get there?
B: No, I don't.
A: 거기 어떻게 가는지 알아? B: 아니, 몰라.

A: Do you know what I'm saying?
B: Sorry, I don't understand.
A: 무슨 말인지 알겠어? B: 미안, 모르겠어.

I think you're right
네 말이 맞는 것 같아

 핵심포인트

I think S+V ···인 것 같아

I think~로 말할 내용을 둘러싸면 "내 생각엔 ···인 것 같아"라는 의미로 자신없는 이야기를 하거나 혹은 자기의 생각을 부드럽게 말할 수 있다. 예를 들어 She's lying이라고 하기 보다는 I think she's lying하면 "쟤 거짓말하는 것 같아"라는 의미가 되어 자신의 생각을 훨씬 부드럽게 전달할 수 있게 된다. I guess that S+V도 같은 의미. 간단히 나도 그렇게 생각한다고 할 때는 I think so나 I think so too(나 역시 그런 것 같아)라고 말한다. 반대로 "난 그렇게 생각하지 않는다"라고 I don't think so라 하면 된다.

> **이럴땐 이렇게 말해야!**

1 할 수 있을 것 같아.
  I think I can do that.

2 너무 비싼 것 같은데요.
  I think it's too expensive.

3 지금 가는게 나을 것 같아.
  I think I'd better be going now.

4 내 남편이 어디에 있는지 걔가 아는 것 같아.
  I think she knows where my husband is.

5 그거 좋은 생각인 것 같아.
  I think it's a good idea.

> **Real-life Conversation**

A: I think it's too expensive.
B: There are cheaper ones in the store.
A: 너무 비싼 것 같은데요. B: 가게에 더 싼 것들도 있어요.

A: I think we have a bad connection.
B: Maybe I should call you back.
A: 연결상태가 안 좋은 것 같아요. B: 다시 전화드려야겠네요.

I guess we should go
우리가 가야 될 것 같아

✎ 핵심포인트

I guess S+V ···인 것 같아

I guess 주어+동사의 경우도 I think~와 유사한 표현으로 역시 확신이 없는 이야기를 전달할 때 혹은 전달하는 이야기를 부드럽게 할 때 쓰는 표현. 상대방의 이야기에 가볍게 동조할 때 "아마 그럴 거예요"라고 하는 I guess so도 I think so와 더불어 많이 쓰인다.

이럴땐 이렇게 말해야!

1 우리 가야 될 것 같아.
   I guess **we should go.**

2 한번 해 봄직도 한데.
   I guess **it's worth a try.**

3 우리에게 기회가 없는 것 같아.
   I guess **we don't have a choice.**

4 내가 끝낸 것 같아.
   I guess **I'm done.**

5 지금 좀 나아진 것 같아.
   I guess **it's a little better now.**

Real-life Conversation

A: What's got into you?
B: I guess I'm just tired of this dumb job.
A: 너 왜 그래? B: 이 바보 같은 일에 지쳐서 그런가 봐.

A: Well, I guess this is goodbye.
B: I'm going to miss you so much.
A: 자, 이제 헤어져야겠군요. B: 정말 보고 싶을거예요.

I assumed he meant you
난 걔가 너를 의미한다고 생각했어

 핵심포인트

I assume S+V ···인 것 같아, ···라고 생각해
What makes you assume S+V? 왜 ···라고 생각하는거야?

assume에는 여러가지 의미가 있지만, I think, I guess, 혹은 I believe~처럼 쓰이는 경우가 많다. 이 때는 뭔가 말하는 내용(that S+V)이 물론 증거는 없지만 추정상 사실일거라 믿는다는 뉘앙스를 풍기는 표현이다.

이럴땐 이렇게 말해야!

1 난 걔가 너를 의미한다고 생각했어.
   I assumed **he meant you.**

2 난 그냥 걔가 아직 그와 같이 살고 있다고 생각했어.
   I just assumed **she'd still be living with him.**

3 모든 일이 다 괜찮아질거라 생각했어.
   I just assumed that **everything was gonna be OK.**

4 왜 그게 나라고 생각한거야?
   What makes you assume **it's me?**

5 그게 동일한 문제라고 생각하지 말자고.
   Let's not assume **it's the same problem.**

Real-life Conversation

A: I assume **you know how to use this program.**
B: I have used it once before.
A: 내 생각엔 네가 이 프로그램 사용법을 알 것 같은데. B: 전에 한 번 사용해 본 적이 있지.

A: I assumed that **was the reason for your visit.**
B: Well, you assumed wrong.
A: 그 때문에 네가 방문했다고 생각했는데. B: 저기, 네가 잘못 생각한거야.

I don't think I can do this
내가 그걸 할 수 없을 것 같아

 핵심포인트

I don't think S+V ···가 아닌 것 같아

I don't think~ 역시 자기가 말하려는 내용을 부드럽게 해주는 역할을 해주는데 다만 상대방과 반대되는 의견이나 자기가 말할 내용이 부정적일 경우에 사용하면 된다. 특이한 것은 영어에서는 I think~ 다음의 절을 부정으로 하기 보다는 주절, 즉 I think~부분을 부정으로 사용하는 것을 더 선호한다는 점이다. 다시 말해서 I think it's not a good idea하면 좀 딱딱하게 느껴지기 때문에 부드럽게 I don't think it's a good idea라고 한다.

> **이럴땐 이렇게 말해야!**

1 내가 그걸 할 수 없을 것 같아.
   I don't think I can do this.

2 그게 좋은 생각같지 않아.
   I don't think that's a good idea.

3 그럴리는 없겠지.
   I don't think it is going to happen.

4 우리 공통점이 없는 것 같아.
   I don't think we have anything in common.

5 너없이 살 수 없을 것 같아.
   I don't think I can live without you.

> **Real-life Conversation**

A: I don't think it's a good idea to leave now.
B: I know, but I'm very tired and ready to go.
A: 지금 나가면 안될 것 같은데. B: 알아, 하지만 너무 피곤해서 이젠 가야겠어.

A: I don't think that I have the time to finish it.
B: Come on, you have the time. Go for it!
A: 그 일을 끝낼 시간이 없는 것 같아. B: 왜 그래, 시간은 얼마든지 있다고. 자, 화이팅!

Do you think he likes me?

걔가 나를 좋아한다고 생각해?

 핵심포인트

Do you think S+V? …인 것 같아?
Don't you think S+V? …한 것 같지 않아?

Do you think 주어+동사?로 상대방이 어떤 생각을 갖고 있는지, 어떻게 생각하고 있는지 등을 물어보면 된다. 간단히 "그렇게 생각해?"라고 의견을 물어볼 때는 Do you think so? 라 하면 된다. 한편 Don't you think 주어+동사~?로도 쓰이는데 "…한 것 같지 않아?"라는 의미. 부정으로 물어보는 것으로 말투에서도 느껴지듯이 자기 생각을 강조해서 전달하거나 혹은 억양에 따라 질책과 책망의 뉘앙스까지도 줄 수 있는 표현이다.

이럴땐 이렇게 말해야!

1 내가 전화해야 될 것 같아?
   Do you think I should call?

2 네가 날 위해 그걸 할 수 있을 것 같아?
   Do you think you can do that for me?

3 우리가 거기 가야 된다고 생각해?
   Do you think we should go there?

4 그걸 할 기회가 있을 것 같아?
   Do you think there's a chance to do it?

5 이거 좀 너무 지나치다고 생각하지 않아?
   Don't you think this is a little extreme?

Real-life Conversation

A: **Do you think he understands?**
B: **I'm not sure if he's getting the picture.**
A: 그가 이해한다고 생각하니? B: 그가 이해하고 있는지 잘 모르겠어.

A: **Do you think he'll become a lawyer?**
B: **Who can tell? Maybe.**
A: 쟤가 변호사가 될 것 같아? B: 누가 알아? 그럴지도 모르지.

I hope **you get well soon**

네가 빨리 나아지기를 바래

✎ 핵심포인트

I hope to+V …하기를 바래
I hope S+V …하기를 바래

I hope to+동사[주어+동사]의 형태로 "…하기를 바래"라는 뜻. to+동사나 주어+동사에 자신의 희망사항을 말하면 된다. 굳어진 표현으로는 I hope so(나도 그러길 바래), I hope so too(나도 역시 그러길 바래), I hope not(그렇지 않기를 바래), 그리고 바라건대의 의미로 Hopefully 등이 있다. wish라는 동사가 동의어이기는 하지만 I wish to+동사는 formal한 경우에만 쓰이고 또한 I wish 주어+동사는 현재사실과 반대되는 경우를 말하는데 사용된다는 점이 다르다. hope와 같은 뜻으로 쓰이는 wish는 I wish you good luck의 형태뿐이다.

이럴땐 이렇게 말해야!

1 비가 오지 않기를 바래.
   I hope it doesn't rain.

2 네가 그걸 좋아하길 바래.
   I hope you'll like it.

3 네가 그 영화를 좋아하길 바래.
   I hope you'll enjoy the movie.

4 네가 다시 오길 바래.
   I hope you'll come again.

5 너희 모두 아주 즐거운 성탄절이 되길 바래.
   We hope you all have a very merry Christmas.

Real-life **Conversation**

A: Thank you for inviting me. I really enjoyed it.
B: Glad to hear that. I hope to see you again.
A: 초대해줘 고마워. 정말 즐거웠어. B: 그렇게 말해줘 고마워. 다시 보길 바래.

A: Thank you for the gift you sent on my birthday.
B: Oh, it was my pleasure. I hope you like it.
A: 내 생일에 보내준 선물 고마워. B: 뭘 그런 걸 갖고. 네 맘에 들었으면 좋겠다.

You look **happy**
너 행복해 보여

✏ 핵심포인트

You look[seem]+adj 너 ···하게 보여
You seem to+V 너 ···한 것 같아

상대방의 상태를 언급하는 표현으로 You look[seem, sound]~ 다음에 형용사[과거분사] 등을 붙여 쓰면 된다. 위 예문은 상대방을 만났을 때 "너 행복해 보여"라고 말할 때 쓰는 표현. You look good[great] 또한 많이 쓰이는 문장이다. 또한 seem의 경우 He seems to hate you(걔는 널 싫어하는 것 같아)에서처럼 뒤에 to+동사가 와서 "···하는 것 같아"라는 의미로 쓰이기도 한다.

 이럴땐 이렇게 말해야!

1 너 행복해 보여.
   You look happy.

2 네 나이에 비해 어려 보여.
   You look young for your age.

3 네 목소리가 이상하게 들려.
   You sound strange.

4 너 좀 초조해보여.
   You seem a little nervous.

5 안 좋아 보여.
   You don't seem okay.

Real-life Conversation

A: Look at you, you look great.
B: Do I? Thank you, so do you.
A: 얘 봐라, 너 멋져 보인다. B: 그래? 고마워, 너도 그래.

A: How was your date?
B: She seemed really very fun.
A: 데이트 어땠어? B: 걔 정말 재미있는 애 같았어.

It sounds good to me
좋지

✎ 핵심포인트

(It) Sounds+adj …해
(It) Sounds like+N …같아

(It) Sounds+형용사 혹은 (It) Sounds like+명사의 형태로 "…인 것 같아"라는 의미. It~ 대신 That~을 쓰기도 한다. 또한 seem, look과 더불어 sound는 like와 어울려 seem like~, look like~, sound like~라는 표현들을 만들어 낸다. Your wife seems like a nice woman(네 와이프 좋은 여자 같더라), It looks like a gift to you(네 선물 같은데), That sounds like a good idea (좋은 생각같아) 등처럼 말이다.

이럴땐 이렇게 말해야!

1 좋아.
It sounds good to me.

2 협박처럼 들리는데.
That sounds like a threat.

3 좋지.
That sounds good[great] .

4 재미있겠는데.
Sounds interesting.

5 좋아.
Sounds like a plan.

Real-life Conversation

A: How about a drink after work?
B: That sounds perfect.
A: 퇴근 후 술한잔 어때? B: 좋구말구

A: Let's split the bill.
B: That sounds like a good idea.
A: 각자 내자 B: 좋은 생각이야.

It seems that we got lost
우리가 길을 잃은 것 같아

✎ 핵심포인트

It seems [to me, like] (that)S+V ···한 것 같아
It seems like+N ···같아

It seesm~는 "···하는 것 같아"라는 의미로 It seems (that)주어+동사의 형태로 쓰면 되는데 It seems~ 다음에 to me나 혹은 like를 삽입해서 사용해도 된다. 물론 It seems like~ 다음에 무조건 절이 온다고 생각하면 안 된다. like~ 다음에는 명사나 부사 등이 다양하게 와서 "···인 것 같아"라는 뜻으로 사용되는데 "어제인 것 같아"는 It seems like yesterday, "안 좋은 생각같아"는 It seems like a bad idea라 한다.

이럴땐 이렇게 말해야!

1 지갑을 잃어버린 것 같아.
  It seems that **I have lost my wallet.**

2 난 그 고객이 돈 낼 능력이 없어 보여.
  It seems to me **the client can't pay.**

3 이제 그만 만나야 될 것 같아.
  It seems like **it's time to break up with.**

4 피터가 요즘 술을 많이 마시는 것 같아.
  It seems like **Peter is drinking a lot of alcohol these days.**

5 네가 처음에 내 말을 못 들은 것 같아.
  It seems like **you didn't hear me the first time.**

Real-life Conversation

A: It seems like **you guys are having a great time together.**
B: **Yeah, it's fun.**
A: 너희들 함께 신나게 보내는 것 같아. B: 그래, 재미있어.

A: It seems that **I have lost my wallet.**
B: **Are you sure?**
A: 지갑을 잃어버린 듯해요. B: 정말이에요?

It looks like she lied to me
걔가 내게 거짓말한 것 같아

✎ 핵심포인트

It looks like (that) S+V …한 것 같아
It looks like+N …같아

It seems (like) that~과 같은 의미로 역시 뭔가 단정적으로 말하지 않고 조심스럽게 말하기 위한 장치. seem like의 경우는 like가 들어가도 되고 안 들어가도 되는 반면 look like에서는 반드시 like가 들어가야 된다는 것을 차별해 기억해두어야 한다. 구어체에서는 'it'을 생략해 Looks like~로 쓰기도 한다. (It) Sounds like S+V도 같은 의미의 구문이다. 또한 (It) Looks like+명사로도 쓰이는데 It looks like her는 "그 여자 같아," Looks like it는 "그럴 것 같아" 그리고 It looks like fun은 "재미있는 것 같아"라는 뜻이다.

이럴땐 이렇게 말해야!

1 차가 밀리는 것 같아.
   It looks like we're stuck with traffic.

2 밤새 내가 여기 있을 것 같아.
   It looks like I'm going to be here all night.

3 걔가 내게 거짓말한 것 같아.
   It looks like she lied to me.

4 걔는 탐과 헤어질 것 같아.
   It looks like she's going to break up with Tom.

5 걔가 나에 관한 모든 걸 이미 말한 것 같군.
   It looks like she already told you all about me.

Real-life Conversation

A: It looks like you don't like your meal at all.
B: No, it's just that I'm not hungry right now.
A: 밥이 네 입맛에 전혀 맞지 않나 보구나. B: 아뇨, 그냥 지금은 별로 배가 안고파서요.

A: Looks like Tom is doing all right with her.
B: You really think so?
A: 탐이 그 여자와 잘 지내는 것 같아. B: 정말 그렇게 생각해?

It's like you don't believe me
넌 날 안믿는 것 같아

 핵심포인트

It's like (that)+N[~ing, S+V] …하는 것 같아
It's not like (that)+N[~ing, S+V] …하는 것 같지 않아

like는 '…와 같은'이라는 의미로 It's like~하면 "…와 같은거네," "…하는 것 같아," "…하는 것과 같은 셈야" 등의 뜻으로 쓰이는 표현이다. It seems[looks like]~ 등이 외관상, 주관상 …한 것처럼 보인다라는 느낌인데 반해 It's like~는 바로 앞 대화에서 이야기하고 있는 사물이나 상황을 비유적으로 다시 한번 이야기할 때 쓰는 말이다. Native들이 무척 즐겨 사용하는 It's like~ 다음에는 명사, ~ing, 절 등이 다양하게 올 수 있다.

이럴땐 이렇게 말해야!

1 태어날 때의 나 같아!
   It's like me when I was born!

2 뭔가 바뀐 것 같아.
   It's like something's changed.

3 넌 날 안믿는 것 같아.
   It's like you don't believe me.

4 평생 같이 살기로 약속한 것 같지 않아.
   It's not like we agreed to live together forever.

5 그게 비밀 같은 건 아니야.
   It's not like it's a secret.

Real-life Conversation

A: It's like something's changed.
B: What makes you feel that way?
A: 뭔가 바뀐 것 같아. B: 왜 그렇게 생각하는거야?

A: It's like he hates me.
B: Do you really think so?
A: 걔가 날 싫어하나봐. B: 정말 그렇게 생각해?

I feel like it's my fault
내가 잘못 한 것 같아

 핵심포인트

I feel like S+V ···한 것 같아
I feel like+N ···같아

It seems (like) ~, It looks like ~가 겉보기에 혹은 주변 상황상 ···한 것처럼 보인다라는 뜻인 반면 I feel like~는 주어가 'it'이 아니고 'I'인 점, 그리고 동사가 주관적인 'feel'이라는 점에서 알 수 있듯이 다소 주관적인 표현으로 "내 느낌상 ···한 것 같다"라는 뜻이다. feel like 또한 바로 명사가 와서 "···같은 느낌이야"라는 의미로 쓰이며 좀 어렵지만 구어체에서 많이 쓰이는 You make me feel like+명사형태를 잘 기억해둔다. 예를 들어 "너 때문에 바보가 된 기분이야"는 You made me feel like an idiot라고 하면 된다.

> **이럴땐 이렇게 말해야!**

1 난 겨울엔 항상 아픈 것 같아.
  I feel like I always get sick in the winter.

2 머리가 터질 것 같아.
  I feel like my head is going to explode!

3 절대로 걔를 못 찾을 것 같아.
  I feel like I'm never going to find him.

4 전에 여기 와본 것 같아.
  I feel like I've been here before.

5 아마 기회가 없다고 느낄지도 몰라.
  You probably feel like you don't have a chance.

⟨ **Real-life Conversation** ⟩

A: I kind of feel like it's my fault.
B: Kind of!
A: 조금은 내 잘못인 것 같기도 해. B: 조금이라고!

A: I feel like such a loser. I have no friends.
B: That's not true. I'm your friend.
A: 난 인생의 실패자같아. 친구들도 없고. B: 그렇지 않아. 내가 네 친구잖아.

Pattern 044 ···하고 싶어

I feel like taking a shower
샤워하고 싶어

✎ 핵심포인트

I feel like ~ing ···하고 싶어
I don't feel like ~ing ···하고 싶지 않아

feel like~ 다음에 동사의 ~ing을 취하면 "···을 하고 싶어"라는 의미가 된다. 뭔가 먹고 싶 거나 뭔가 하고 싶다고 말하는 것이다. 반대로 "···을 하고 싶지 않다"라고 말하려면 부정형 I don't feel like ~ing을 쓴다. 앞서 살펴본 바와 같이 "···한 것 같아"라는 의미의 feel like 다 음에 명사나 절이 오는 구문과는 다른 의미이다. 간단히 그러고 싶다고 할 때는 I feel like it, 반대로 그러고 싶지 않아는 I don't feel like it라고 하면 된다.

 이럴땐 이렇게 말해야!

1 커피 먹고 싶어.
   I feel like having a cup of coffee.

2 샤워하고 싶어.
   I feel like taking a shower.

3 오늘밤 저녁하기 싫어.
   I don't feel like making dinner tonight.

4 오늘 외출하기 싫어.
   I don't feel like going out today.

5 아무것도 하기 싫어.
   I don't feel like doing anything.

╭─ **Real-life Conversation** ─╮

A: We want to talk to you.
B: I don't feel like talking.
A: 너하고 얘기 좀 하자. B: 말하기 싫은데.

A: You know what? I don't feel like going to work.
B: Why?
A: 저 말야. 출근하기 싫어. B: 왜?

It takes 3 minutes to get there
거기 가는데 3분 걸려

✎ 핵심포인트

It takes+사람+시간+to+V …가 …하는데 …시간이 걸리다
It takes+시간+(for+사람) to+V …가 …하는데 …시간이 걸리다

시간관련 표현으로 …하는 데 시간이 얼마나 걸리는지를 말할 때 사용하면 된다. It takes+
시간+to+동사~형태로 쓰며 시간이 정확하지 않을 때는 시간 앞에 about[around]를 붙이
면 된다. 물론 take 다음에는 시간명사 뿐만 아니라 일반명사도 와 "…하는데 …가 필요하다"
라는 뜻으로 쓰이기도 한다. 나중에 다시 언급하겠지만 이런 대답을 하게 하는 질문은 How
long does it take to+동사~?(…하는데 시간이 얼마나 걸려?)라 하면 된다.

> 이럴땐 이렇게 말해야!

1 여기서 거기 가는데 한 시간 걸려.
   It takes **an hour** to **get there from here.**

2 거기 가는데 약 10분 걸려.
   It takes **about ten minutes** to **go there.**

3 네가 원하는 파일을 찾는데 시간이 걸려.
   It takes **time** to **find the files you want.**

4 그렇게 하는데 용기가 필요해.
   It takes **courage** to **do so.**

5 크리스와 싸울려면 배짱이 있어야 되는데.
   It takes **balls** to **fight with Chris.**

/ **Real-life Conversation** /

A: What a nice ring! That's so sweet.
B: Glad you like it. It took me a long time to find it.
A: 와 반지 멋지다! 정말 고마워. B: 맘에 들어하니 기뻐. 찾는데 시간 많이 걸렸어.

A: We need to get this job done by the end of the month.
B: But that will take at least 4 months to do.
A: 이 일은 월말까지 끝내야 돼. B: 하지만 적어도 네 달은 걸리는데요.

I'm thinking about getting married
결혼할까 생각이야

 핵심포인트

I'm thinking of[about]+N[~ing] …을 생각하고 있어, …할 것 같아
I'm thinking (that) S+V …을 생각하고 있어, …할 것 같아

I'm thinking of[about]+명사[~ing]는 현재 지속되는 일이나 가깝게 예정된 나의 일을 말할 때 사용하는 표현이다. 우리말을 할 때도 '…을 계획하다'라는 현재시제보다는 "…을 계획하고 있어," "…을 계획중이야"라고 현재진행형을 많이 쓰듯 영어의 경우도 현재보다는 현재진행을 쓰는 경우가 더 많다. I'm thinking of[about]~도 그 중 하나. I'm planning to+동사[on ~ing]~도 같은 의미로 "…할까 한다"라는 의미.

이럴땐 이렇게 말해야!

1 곧 그만둘까 생각중야.
   I'm thinking of quitting soon.

2 베티를 초대할까봐.
   I'm thinking of inviting Betty.

3 오늘밤 걔한테 데이트신청할까 해.
   I'm thinking about asking her out tonight.

4 걔를 방문해야 될 것 같아.
   I'm thinking I should go visit him.

5 차를 새로 뽑으려고.
   I'm planning to buy a new car.

Real-life Conversation

A: What are you going to do with your bonus?
B: I'm thinking of going on vacation.
A: 당신 보너스로 뭘 할거예요? B: 휴가를 떠날까 하는데요.

A: I'm planning to buy a new car.
B: What kind are you thinking of getting?
A: 새 차를 사려고 해. B: 어떤 종류를 생각하고 있는데?

That'll be a big help
그거는 큰 도움이 될거야

 핵심포인트

That'll+V ···될거야
That+V ···야

That will+동사는 "···하게 될거야," "···일거야," will 대신 would가 와서 That would+동사가 되면 가정의 의미가 되어 "(···하면) ···하게 될 걸"이라는 의미가 된다. That~ 대신에 일반명사가 와도 된다. 알짜 영어회화표현을 만들어내는 구문으로 잘 알아둔다. 배운 김에 하나 더! That+동사~형태도 있는데 중요표현으로 That depends(상황에 따라 달라), That reminds me(그러고 보니 생각나네), That explains it(그러고 보니 이해가 되네), 그리고 That makes sense(말되네) 정도는 암기하고 가도록 한다.

> ### 이럴땐 이렇게 말해야!

1 괜찮을거야.
   That'll be fine.

2 150달러일거야.
   That'll be $ 150.

3 그럼 멋질거야.
   That'd be nice[cool] .

4 그럼 좋지[멋질거야, 완벽할거야].
   That'd be great[wonderful, perfect].

5 토요일이면 좋지.
   Saturday would be fine.

> **Real-life Conversation**

A: I'd like three tickets for today's game.
B: That will be $45, please.
A: 오늘 게임표 3장 주세요. B: 45달러예요.

A: How about a cold beer?
B: That would be great.
A: 시원한 맥주 한 잔 어때? B: 그럼 좋지.

I feel **much better now**
이제 기분이 많이 나아졌어

 핵심포인트

I feel+adj (상태나 기분이) …해
I feel like+N[S+V] 나 … 인 것 같아

I feel~ 다음에 형용사를 붙여서 나의 현재 신체나 감정의 상태가 어떠한지를 말하는 표현방식이다. 주어를 You로 해서 You feel better?처럼 상대방의 상태를 물어볼 수도 있다. 또한 feel like+명사는 …인 것 같아라는 의미로 feel like~ 다음에 S+V가 이어져도 같은 의미이다.

> **이럴땐 이렇게 말해야!**

1 지난주 일로 기분이 안좋아.
   I feel **bad about last week.**

2 오늘 몸이 아파.
   I feel **sick today.**

3 이제 기분이 많이 나아졌어.
   I feel **much better now.**

4 네게 미안해.
   I feel **sorry for you.**

5 내가 바보가 된 것 같아.
   I feel like **an idiot.**

(**Real-life Conversation**)

A: I feel really sick today.
B: What are your symptoms?
A: 오늘 무척 아파요. B: 증상이 어떤데요?

A: You feel better now?
B: Yeah, much.
A: 좀 기분이 나아졌어? B: 응, 많이.

I don't believe this!
말도 안돼!, 뭔가 이상해!

✎ **핵심포인트**

I don't+V ···하지 않아
I don't remember+~ing ···가 기억나지 않아

I don't+동사의 형태로 몰라, 싫어, 안좋아 등의 부정, 반대를 표현해본다. 어렵지 않은 것이지만 실제 대화에서는 그렇게 쉽게 입에서 나오지 않는 것으로 입에 익숙해지도록 연습해본다. 부정적으로 말할 때 쓰는 I don't think so, 난 상관하지 않는다라는 의미의 I don't care, 모른다고 할 때의 I don't get it, I don't know, I don't understand 등이 유명하다. 특히 I don't remember ~ing는 (과거에) ···을 한 것이 기억이 안 난다라는 표현으로 활용도가 높은 구문으로 기억해두기 바란다.

> **이럴땐 이렇게 말해야!**

1 걔하고 키스한 게 기억이 안나.
I don't remember kissing her.

2 말도 안돼!, 뭔가 이상해!
I don't believe this!

3 시간이 없어.
I don't have time.

4 여기 아무 문제도 없어.
I don't see any problems here.

5 그건 잘 모르겠어, 글쎄.
I don't know about that.

> **Real-life Conversation**

A: When are you coming back?
B: I don't know.
A: 언제 돌아와? B: 몰라.

A: What's wrong with you today?
B: I don't get it. This stuff is too hard.
A: 오늘 안좋은 일 있니? B: 이해가 잘 안돼. 이 일은 너무 어려워.

Do you **know that?**

그거 알고 있어?

 핵심포인트

Do you+V? …해?
Does (s)he[Do they]+V? 걔가 …해?[걔네들이 …해?]

이번에는 Do you+동사~?의 형태로 상대방에게 원하는 것을 다양하게 물어보는 **연습**을 해 본다. 물론 제 3자에 대해 물어볼 때는 Does she[he~?]라고 하면 되고 복수는 Do they+ 동사?라고 하면 된다. 걔네들이 …하는거야?라는 의미로 "걔네들이 날 싫어해?"는 Do they hate me?, "걔네들이 서로 알아?"는 Do they know about each other?라 하면 된다.

이럴땐 이렇게 말해야!

1 그거 알고 있어?
   Do you know that?

2 좀 먹을래?
   Do you want some?

3 유령이 있다고 생각해?
   Do you believe in ghosts?

4 제인을 정말 좋아해?
   Do you really like Jane?

5 걘 아직도 기분이 그래?
   Does she still feel bad?

Real-life Conversation

A: Does she still feel bad?
B: Well, apparently she does.
A: 걘 아직도 기분이 그래? B: 그래, 그런 것 같아

A: Does he know that you like him?
B: I don't think so.
A: 걔는 네가 자길 좋아한다는 걸 아니? B: 그런 것 같진 않아.

I didn't know that
난 그걸 몰랐어

✎ 핵심포인트

I didn't+V ···안했어
I didn't know[think, catch] 의문사+S+V ···를 몰랐어[생각못했어, 이해못했어]

영어회화가 초급이냐 아니면 중급이냐를 가르는 척도 중의 하나는 과거를 아직도 현재시제로 말하느냐 과거시제로 말하느냐일 것이다. 그만큼 영어초급자가 과거행동을 과거로 말하기가 쉽지 않다는 이야기이다. 여기서는 과거의 부정을 말하는 구문인 I didn't+동사원형 형태를 살펴본다. 대표적인 구문으로 I didn't know[think, catch] that[의문사] 주어+동사 (···을 몰랐어[생각못했어, 이해못했어])를 잘 알아둔다.

이럴땐 이렇게 말해야!

1 고의로 그런 건 아냐.
   I didn't mean it.

2 난 그런[아무] 말하지 않았어.
   I didn't say that[I didn't say anything].

3 네 여자친구랑 안잤어.
   I didn't sleep with your girlfriend.

4 네가 전화한 걸 몰랐어.
   I didn't know that you called.

5 네가 말한 걸 이해 못했어.
   I didn't catch what you said.

Real-life Conversation

A: I'm sorry I didn't get back to you sooner.
B: That's all right.
A: 바로 연락주지 못해 미안해. B: 괜찮아.

A: How come you didn't call me last night?
B: I didn't know that I had to call.
A: 어젯밤엔 왜 전화를 안 한거니? B: 전화해야 한다는 걸 몰랐어.

You didn't answer my question
넌 내 질문에 답을 하지 않았어

 핵심포인트

You didn't+V 넌 …하지 않았어
You didn't tell me S+V 넌 …라는 걸 말 안했어

역시 과거를 말하는 사용법으로 주어가 You~가 되는 경우이다. 즉 상대방이 과거에 "…을 하지 않았다"고 말하는 표현이다. You didn't~ 다음에 다양한 동사를 넣어보면 되는 것으로 "넌 …하지 않았어," "넌 …를 안했구나"라는 의미. You didn't+동사?처럼 끝만 올리면 의문문이 되어 "…을 안했단말야?"라는 문장이 되기도 한다. 응용표현으로는 You didn't tell me (that) 주어+동사로 하게 되면 "넌 …라는 걸 말 안했어"라는 뜻이 된다.

> **이럴땐 이렇게 말해야!**

1 너 해보려고 하지도 않았잖아!
   You didn't even try!

2 오늘 재미없었나봐.
   You didn't have fun today.

3 넌 그거에 관해 아무 말도 안했어.
   You didn't say anything about that.

4 내 질문에 답을 안했어.
   You didn't answer my question.

5 걔에 대해 아무것도 묻지 않았어?
   You didn't ask anything about him?

> **Real-life Conversation**

A: You didn't answer your cell phone last night.
B: I forgot it in my office yesterday.
A: 지난밤에 너 핸드폰 안 받던대. B: 어제 사무실에 두고 왔어.

A: You told me that you didn't like Jessica.
B: I didn't mean to say that.
A: 제시카를 싫어한다고 내게 말했잖아. B: 그렇게 말하려는게 아니었어.

Did you sleep well last night?

지난밤에 잘 잤어?

🖊 핵심포인트

Did you+V? ···을 했어?
Did you know[hear] S+V? ···을 알고 있었어[들었어]?

상대방에게 과거의 일을 물어보는 것으로 Did you+동사~?라고 하면 된다. 안부인사를 묻거나(Did you have a nice weekend?) 혹은 과거사실을 확인할 때(Did you finish the report?) 주로 사용된다. 응용하여 Did you know[hear] that 주어+동사?라고 하면 "···을 알고 있어[들었어]?"라는 의미가 된다.

이럴땐 이렇게 말해야!

1 최근에 뭐 영화본거 있어?
   Did you see any movies recently?

2 멋진 주말 보냈어?
   Did you have a nice weekend?

3 확인할 기회가 있었어?
   Did you have a chance to check it?

4 간밤에 잘 잤어?
   Did you sleep well last night?

5 새라가 지난달에 결혼한거 알고 있었어?
   Did you know that Sarah got married last month?

Real-life Conversation

A: Did you finish that report?
B: We're still at it.
A: 보고서 끝냈어? B: 아직도 하고 있어.

A: Did you ask her to marry you?
B: I couldn't. I was too nervous.
A: 걔한테 결혼하자고 했어? B: 그렇게 할 수가 없었어. 너무 긴장해서 말야.

144

I enjoyed **talking with you**
너와 얘기해서 즐거웠어

 핵심포인트

I enjoy+N[~ing] ···가 즐거워, ···을 즐겨

enjoy하면 목적어로 동명사(~ing)을 취하는 대표적인 동사로 알려져 있지만 이건 동사가 목적어로 올 경우에 동명사형태가 된다는 말이지 목적어로 무조건 ~ing만 온다는 것은 아니다. 회화에서는 enjoy+명사의 형태도 많이 쓰이니까 enjoy+명사[~ing]형태를 함께 알아본다. 명령문 형태로 Enjoy+명사[oneself]로도 쓰이는데 Enjoy your stay in Chicago(시카고에서 즐겁게 보내), Enjoy your meal!(식사 맛있게 해!), Enjoy oneself(즐겁게 지내) 등을 기억해둔다.

이럴땐 이렇게 말해야!

1 저녁 즐겁게 먹었어.
   I enjoyed **the dinner.**

2 네가 그걸 즐길거야.
   I think you'll enjoy **it.**

3 너랑 얘기해서 즐거웠어.
   I enjoyed **talking with you.**

4 뉴욕에서 쇼핑을 즐길거야.
   I'm going to enjoy **shopping in New York.**

5 무척 즐거웠어.
   I enjoyed myself **very much.**

Real-life **Conversation**

A: Did you enjoy **walking around today?**
B: Yes, but I'd like a guide tomorrow.
A: 오늘 둘러보는거 좋았어? B: 어, 하지만 내일은 가이드가 필요해.

A: Everyone seems to be enjoying **your dish.**
B: Thank you for saying that.
A: 모두들 네 음식을 맛있게 먹는 것 같아. B: 그렇게 말해줘서 고마워.

I heard **you were going to get married**
너 결혼할거라고 그러던데

 핵심포인트

I('ve) heard about+N …에 대해 들었어
I('ve) heard S+V …라던대

다른 사람에게서나 혹은 신문이나 방송 등 제 3의 소스를 통해서 들은 이야기를 말할 때 쓰는 표현. "…라고 들었어"라는 의미로 주로 화제를 꺼낼 때 사용하는데 I heard~ 혹은 I've heard~로 시작하면 된다. I've never heard of[from]~는 "…을 들어본 적이 없다," I('ve) heard about+명사는 "…에 관해 들었다," 그리고 Did you hear that~?[Have you heard that~?]은 "…을 들어본 적이 있냐?"고 물어보는 표현이다.

이럴땐 이렇게 말해야!

1 입학시험에 떨어졌다며.
   I heard that **you failed the entrance exam.**

2 몇주전에 해고됐다며.
   I heard **you got fired a few weeks ago.**

3 너 결혼할거라고 그러던데.
   I heard **you were going to get married.**

4 존이 교통사고 나서 다쳤다며.
   I heard that **John was injured in a car accident.**

5 어제 걔한테 무슨 일이 일어났는지 들어.
   I heard **what happened to her yesterday.**

Real-life Conversation

A: Did you hear that I got married again?
B: Oh, that's great news. Way to go!
A: 내가 재혼했다는 말 들었니? B: 이런, 정말 좋은 소식인 걸. 잘됐네!

A: I heard you had some trouble with your girlfriend.
B: I had to break up with her. We were fighting a lot.
A: 여친하고 문제가 있었다며. B: 헤어져야 했어. 싸움을 많이 했어.

I went to **the gas station**
주유소에 갔다 왔어

✎ 핵심포인트

I went to+장소 …에 갔었어
I went (there, back) to+V (…에) …하러 갔었어

과거형 중에서도 "내가 …에 갔었다," "걔는 …에 갔어"라는 말을 많이 하게 되는데 이때 역시 I go to~, She goes to~라고 하지 말고 **과감하게 I went to+장소~, She went to+장소**로 말할 수 있도록 연습한다. "…하러 갔었다"라고 하려면 주어+went (there, back) to+동사의 형태를 사용하면 된다. "우린 저녁 먹으러 갔었어"는 We went to dinner, "난 거기에 일정을 확인하러 갔었어"는 I went there to check the schedule, 그리고 "그걸 돌려주러 다시 갔었어"는 I went back to return it라 하면 된다.

이럴땐 이렇게 말해야!

1 주유소에 갔어.
   I went to **the gas station.**

2 대학교에 진학했어.
   I went to **college.**

3 쇼핑몰에 가서 옷 좀 샀어.
   I went to **the mall and bought some clothes.**

4 점심먹으러 중국식당에 갔었어.
   I went to **a Chinese restaurant for lunch.**

5 걘 화장실에 갔어.
   She went to **the bathroom.**

Real-life Conversation

A: What were you doing?
B: I went to a bar.
A: 뭐했어? B: 바에 갔었어.

A: What did you do on your leave?
B: I went to Spain with my mom.
A: 휴가 때 뭐했어? B: 엄마와 스페인에 갔었어.

Why don't you **take a break?**
쉬지 그래

✎ **핵심포인트**

Why don't you+V? …하는게 어때?
Why don't I+V? 내가 …할게(=Let me+V)
Why don't we+V? 우리 …하자(=Let's+V)

Why don't you+동사?는 무늬는 의문문이지만 실제로는 상대방에게 뭔가 제안을 하는 문
장으로 이유와는 거리가 있다. 앞서 배운 I want you to+동사~와 의미가 비슷하다고나 할
까. 또한 변형된 Why don't I+동사~ ?는 내가 …할게(Let me+동사~), Why don't we+동
사~ ?는 우리 …하자(Let's+동사~)라는 의미.

 이럴땐 이렇게 말해야!

1 좀 긴장을 풀어봐, 응?
Why don't you try to relax, okay?

2 무슨 일인지 내게 말해봐.
Why don't you tell me what happened?

3 나를 도와줘.
Why don't you give me a hand?

4 쉬지 그래.
Why don't you take a break.

5 이리와 나랑 잠시 얘기하자.
Why don't you come over here and talk to me for a second?

Real-life Conversation

A: Wow, so why don't you go talk to him?
B: Oh, yeah.
A: 야, 그래 쟤한테 가서 이야기해봐. B: 어, 그래.

A: Why don't you ask her to join us?
B: I think I will.
A: 쟤도 함께 하자고 물어봐? B: 그럴려구.

How about **some dessert?**

디저트 좀 들래?

✎ 핵심포인트

How about+N[~ing]? ···은 어때?
How about S+V? ···하는게 어때?

How about~ 다음에는 명사나 동사의 ~ing만 오는 것이 아니라 아무 형태의 말이 와도 된다. How about over here?(이쪽은 어때?), How about we go to the movies tonight?(오늘 저녁 영화 어때?)처럼 How about~ 다음에는 부사구나 절 등도 올 수 있다. 상대방의 의향을 물어보거나 뭔가 새로운 제안을 할 때 특히 약속시간, 장소를 정할 때 아주 유용하다. 빈출표현으로는 How about you?(네 생각은 어때?), How about that?(그건 어때?), 그리고 How about that!하고 감탄사가 붙으면 "거 근사한데!," "잘됐군!"이라는 의미가 된다.

이럴땐 이렇게 말해야!

1 커피 한 잔 더 들래?
   How about **another cup of coffee?**

2 내일 저녁은 어때?
   How about **tomorrow evening?**

3 저녁 먹으러 나갈까?
   How about **going out for dinner?**

4 저녁하면서 이 문제 얘기해보면 어때?
   How about **we talk about this over dinner?**

5 집에 태워다 줄까?
   How about **I give you a ride home?**

Real-life Conversation

A: How about going out for a drink tonight?
B: Yes, let's do that.
A: 오늘밤 한잔하러 나가자? B: 좋아, 그렇게 하자.

A: How about three o'clock?
B: Perfect. I'll meet you there.
A: 3시는 어때? B: 좋지. 거기서 보자.

How come you didn't tell me?
어째서 내게 말하지 않았어?

✎ **핵심포인트**

How come S+V? 어째서 …하는거야?

How come~은 한마디로 why에 해당되는 단어로 이유를 물어보는 말이다. 다만 why의 경우는 뒤에 주어와 동사를 도치시켜야 하지만 How come~의 경우는 시제가 현재이건 과거이건 뒤에 바로 주어+동사를 도치없이 그대로 갖다 붙이기만 하면 완벽한 영어문장이 되기 때문에 외국어로 영어를 배우는 우리에게는 상당히 편한 패턴이다. 단독으로 How come? 하면 왜?, 어째서?라는 뜻으로 Why?, Why is that?과 같은 의미.

> **이럴땐 이렇게 말해야!**

1 어째서 내게 말하지 않았어?
How come you didn't tell me?

2 어떻게 내게 전혀 얘기를 안 한거야?
How come you never told me that?!

3 왜 내게 한마디도 안 했던거야?
How come you never said anything to me?

4 왜 네가 싫어하는 직장에 아직도 다녀?
How come you're still at a job that you hate?

5 어떻게 우리가 전에 이같은 얘기를 안한거야?
How come we never talked like this before?

> **Real-life Conversation**

A: How come you're late?
B: I got caught in traffic.
A: 어쩌다 이렇게 늦은거야? B: 차가 밀려서.

A: How come he didn't show up last night?
B: I'm not sure. Maybe he was ill.
A: 걔는 왜 어젯밤 안 왔대? B: 잘 몰라, 아마 아팠겠지.

Why didn't you **call me last night?**
어젯밤에 왜 전화안했어?

 핵심포인트

Why didn't you+V? 왜 …하지 않았어?
Why did you+V? 왜 …했어?

상대방의 과거행동에 대한 이유를 물어보는 것으로 "왜 …하지 않았냐?"고 물을 때는 Why didn't you+동사?를, 그리고 반대로 "왜 …했냐?"고 물어볼 때는 Why did you+동사? 형태를 사용하면 된다. 현재형으로 Why do you+동사~?하면 "왜 …해?"라는 의미로 Why do you say that?(왜 그런 말을 해?), Why do you think so?(왜 그렇게 생각해?) 정도는 암기해두자.

이럴땐 이렇게 말해야!

1 왜 그 일을 맡지 않았어?
Why didn't you take the job?

2 왜 아무 말도 하지 않았어?
Why didn't you say anything?

3 어젯밤에 왜 전화안했어?
Why didn't you call me last night?

4 내가 왜 그걸 생각못했을까?
Why didn't I think of that?

5 왜 나를 싫어했어?
Why did you hate me?

Real-life Conversation

A: Oh my God! Why didn't you tell me?
B: We thought you knew!
A: 맙소사! 왜 내게 말하지 않았어? B: 우린 네가 아는 줄 알았어!

A: I'm not so good at management.
B: Why do you say that?
A: 난 경영에 소질이 없나 봐. B: 왜 그런 말을 해?

Why are you so angry?
넌 왜 그렇게 화가 난거야?

✎ **핵심포인트**

Why are you+adj~? 왜 …해?
Why are you+ ~ing[pp]? 왜 …해?

역시 상대방에게 이유를 물어보는 표현으로 Why are you+형용사[~ing, pp]~?의 형태로 쓰인다. 과거로 쓰려면 be동사를 과거형 was나 were로 바꿔주면 된다. "그게 왜 중요해?"라고 하려면 Why is that important?, "왜 우는거야?"라고 하려면 Why are you crying? 그리고 "넌 왜 걔의 집에 있었어?"라고 하려면 Why were you at her house? 라고 하면 된다.

이럴땐 이렇게 말해야!

1 너 여기 왜 있는거야?
   Why are you here?

2 왜 이런 일이 벌어지는거야?
   Why is this happening?

3 그게 왜 네게 그렇게 중요해?
   Why is it so important to you?

4 그걸 인정하는게 왜 그렇게 힘들어?
   Why is it so hard to admit that?

5 네가 우리에게 진실을 말하는게 왜 그렇게 어려웠어?
   Why was it so difficult for you to tell us the truth?

Real-life Conversation

A: **Why are you so angry?**
B: **You let me down. I thought I could trust you.**
A: 왜 내게 화나있는거야? B: 너한테 실망했어. 널 믿을 수 있다고 생각했는데.

A: **Why are you doing this to me?**
B: **Because I don't like you.**
A: 내게 왜 이러는거야? B: 널 싫어하니까.

Pattern 062 …가 뭐야?

What's the problem?

문제가 뭐야?

🖊 핵심포인트

What is[are]+N~? …가 뭐야?

What is[are]+명사~?의 구문으로 명사의 내용이 뭐냐고 물어보는 의문문. What is it? 에서 it 대신에 자기가 알고 싶은 명사를 붙이면 된다. 과거일 때는 be동사는 was로 바꿔주면 된다. 특히 이 형태로는 What's the matter?, What's the big deal?, What's the problem? 등 회화에서 자주 쓰이는 빈출표현들이 많은데 이런 표현들은 그냥 기계적으로 외워두어야 한다.

 이럴땐 이렇게 말해야!

1 무슨 일이야? 도대체 왜 그래?
What's the matter with you?

2 별거 아니네?, 무슨 큰일이라도 있는거야?
What's the big deal?

3 오늘의 스페셜은 뭔가요?
What's the special of the day?

4 네 제안은 뭐야?
What's your suggestion?

5 요점이 뭐야?
What's the point?

Real-life Conversation

A: What's the matter?
B: Jill and I had a really big fight.
A: 무슨 일이야? B: 질과 내가 정말 크게 싸웠어.

A: You should be ashamed of cheating on your exam.
B: What's the big deal? A lot of students do it.
A: 컨닝한 걸 수치스러워해야지. B: 뭘 그런 걸 갖고? 학생들 많이 그래.

What's your new house like?
새로 이사한 집 어때?

 핵심포인트

What is[are]+N+like? ···의 성격이나 성질이 어때?
What does+N+look like? ···의 겉모습이 어때?

What is+명사+ like?는 앞의 패턴에서 뒤에 like가 붙은 형태로 What ~ like?는 How~?
하고 같은 의미. 즉 '명사가 어떠냐고 물어보는 것으로 What does+명사+ look like?라는
표현과 종종 비교된다. What is+명사+like?는 사람이나 사물의 성격이나 성질이 어떤지 물
어보는 것이고 What does+명사+look like?는 단순히 외관(appearance)이 어떤 모
습인지를 물어보는 것이다. 한편 What are friends for?(친구 좋다는게 뭐야?)로 유명한
What is+명사+for?는 ···은 뭐하려고 그래?라는 의미이다.

> 이럴땐 이렇게 말해야!

1 새로 이사한 집 어때?
What is your new house like?

2 뉴욕의 여자애들은 어때?
What are the girls like in New York?

3 그거 어떤거야?
What is that like?

4 네 아내 얘기한 적이 없어? 어떤 사람야?
You never talk about your wife. What's she like?

5 걔 어때? 귀여워?
What does he look like? Is he cute?

> Real-life Conversation

A: What is your new house like?
B: It's quite nice, but it needs a lot of work.
A: 새로 이사한 집 어때? B: 꽤 좋긴 한데 손봐야 할게 많아.

A: What was the show like last night?
B: It was one of our best performances.
A: 어젯밤 공연은 어땠어? B: 우리가 한 공연 중에서 제일 좋았다고 할 수 있지.

What's wrong with you?
너 뭐가 문제인거야?

 핵심포인트

What is wrong with~? ···가 무슨 일이야?
What's with~? ···가 왜 그래?

상대방이 평소와 좀 다르거나 근심걱정이 있어 보일 때 걱정하면서 던질 수 있는 표현. "무슨 일이야?" 정도의 뉘앙스로 그냥 What's wrong?이라고만 해도 된다. with~ 다음에는 사람, 사물명사가 올 수 있다. 또한 What's wrong with~에서 wrong을 빼고 What's with~해도 역시 훌륭한 표현이 되는데 이는 뭔가 상대방이 좀 이상할 때 "···는 왜 그래?"라고 물어보는 구문이다.

이럴땐 이렇게 말해야!

1 무슨 일이야? 괜찮아?
   What's wrong? Are you okay?

2 네 차 뭐가 문제야?
   What's wrong with your car?

3 그게 뭐가 잘못된거야?
   What's wrong with it?

4 내가 입고 있는 옷이 뭐 잘못됐어?
   What's wrong with what I'm wearing?

5 걔한데 내가 크리스를 좋아한다고 말하는게 뭐 잘못됐어?
   What's wrong with telling her I love Chris?

Real-life Conversation

A: What's wrong with you? Why are you so angry?
B: Just get away from me!
A: 무슨 일 있었니? 왜 그렇게 화가 났어? B: 날 좀 내버려둬!

A: What is with you tonight?
B: Nothing.
A: 오늘밤 너 왜 그래? B: 아무 일도 아냐.

What're you **talking about?**
무슨 말이야?

 핵심포인트

What're you+ ~ing? 너 뭐를 …하는거야?
What's+~ing? 뭐가 …하는거야?

What~ 다음에 진행형이 오는 문형으로 What're you+ ~ing? 혹은 What's+ ~ing?의 형태로 쓰인다. 두 개의 차이점은 What're you ~ing?(What're you doing?)에서 What은 ~ing의 목적어로 "(너) 뭐를 …하는거야?"라는 의미인 반면 What's ~ing?(What's going on?)는 What이 주어로 "무엇이 …를 …하느냐?"고 물어보는 것이다.

이럴땐 이렇게 말해야!

1 무슨 말이야?
   What are you talking about?

2 무슨 말을 하려는거야?
   What are you trying to say?

3 오늘밤 퇴근 후에 뭐 할거야?
   What are you doing after work tonight?

4 뭐 찾는거야?
   What are you looking for?

5 무슨 일이야?
   What's going on?

Real-life Conversation

A: What are you doing this Saturday?
B: I haven't made any plans yet. Why? What's up?
A: 이번 토요일에 뭐 할거야? B: 아직 별 계획 없는데. 왜? 무슨 일이야?

A: What are you doing after work tonight?
B: I don't have any plans.
A: 오늘밤 퇴근 후에 뭐 할거야? B: 아무 계획도 없어.

What're you going to **say?**
뭐라고 말을 할거야?

 핵심포인트

What're you going to+V? 너 뭐를 …할거야?

가까운 미래를 나타내는데 애용되는 be going to+동사와 의문사 what이 결합하여 만든 형태로 What are you going to~ 다음에 원하는 동사를 넣으면 된다. 그냥 "뭐할거야?"라고 물어보려면 What are you going to do?를, "다음에 뭐 할거니?"라고 하려면 What are you going to do next?를 그리고 좀 더 구체적으로 어떤 대상을 어떻게 할거냐고 물어볼 때는 What are you going to do with your bonus?라고 하면 된다.

이럴땐 이렇게 말해야!

1 뭐 먹을래?
　 What are you going to have?

2 걔에게 뭐라고 할거야?
　 What are you going to tell her?

3 그거 어떻게 할거야?
　 What are you going to do about that?

4 그 편지 어떻게 할거야?
　 What are you going to do with the letter?

5 걜 보면 어떻게 할거야?
　 What are you going to do when you see her?

Real-life Conversation

A: What are you going to have?
B: I was thinking of the special.
A: 뭐 먹을래?　B: 스페셜을 먹을까 하는데.

A: What are you going to do with the offer?
B: I'm pretty sure I'm going to turn it down.
A: 그 제안을 어떻게 할거야?　B: 거절하게 될게 분명해.

Pattern **067** 뭐 …하니?

What do you think?
넌 뭘 생각하고 있어?

 핵심포인트

What do you+V? 뭐 …하니?

What do you+동사~? 형태로 동사자리에 다양한 동사를 넣어서 What do you say~?, What do you think~?, What do you plan~? 등 주옥 같은 영어회화문장패턴을 만들 수 있다. What do you do?는 종종 지금 뭘하냐고 물어보는 표현으로 쓰이기도 하지만 너는 보통 일반적으로 무엇을 하냐, 즉 직업이 뭐냐라고 질문하는 것으로 뒤에 for a living을 붙여 말하기도 한다는 점을 알아둔다. 관용표현으로 What do you know?는 "놀랍군," "네가 뭘 안다고!"라는 뜻이며 What do you say?는 "어때?"라는 뜻으로 쓰인다.

이럴땐 이렇게 말해야!

1 무슨 말이야?
What do you mean?

2 뭘 원해?
What do you want?

3 그 여자에 대해 아는게 뭐야?
What do you know about her?

4 날 뭘로 보는거야?
What do you take me for?

5 저걸 영어로는 뭐라고 하니?
What do you call that in English?

Real-life Conversation

A: What do you do?
B: I can't believe you don't know what I do for a living!
A: 너 직업이 뭐야? B: 내 직업도 모른단 말야!

A: What do you plan to do this weekend?
B: I'm just planning to relax.
A: 이번 주말에 뭐 할거야? B: 그냥 느긋하게 쉴 생각야.

158

What do you think of **that?**
그거에 대해 어떻게 생각해?

✎ 핵심포인트

What do you think of[about]+N[~ing]? …에 대해 어떻게 생각해?
What do you think S+V? …가 …한다고 생각해?

상대방 의견을 물어볼 때 쓰는 가장 전형적인 표현. 물어보고 싶은 내용을 먼저 말하고 나서 어떻게 생각해?라는 의미로 What do you think (of that)?, 아니면 What do you think of[about]~ 다음에 물어보는 내용을 명사 혹은 ~ing형태로 써도 된다. 또한 What do you think S+V?는 "…가 …을 …한다고 생각해?"라는 의미로 What do you think she wants?하면 "걔가 뭘 원하는 것 같아?"라는 말. 특히 What do you think I am?(날 뭘로 보는 거야?)과 What do you think you're doing?(너 정신 나갔냐?)은 암기해둔다.

 이럴땐 이렇게 말해야!

1 저거 어때?
   What do you think of that?

2 걔를 우리 팀에 넣으면 어때?
   What do you think of adding him to our team?

3 내 생각이 어때?
   What do you think about my idea?

4 우리 새집 어때?
   What do you think about my new house?

5 내가 밤새 머무는거 어때?
   What do you think about me staying the night?

Real-life **Conversation**

A: What do you think about this job?
B: It has its ups and downs.
A: 이 일은 어떠니? B: 좋을 때도 있고 나쁠 때도 있어

A: What do you think of Tim?
B: He's the best technician in the company.
A: 팀을 어떻게 생각해? B: 회사에서 가장 유능한 기술자잖아.

What do you mean, too late?
너무 늦었다니 그게 무슨 말이야?

 핵심포인트

What do you mean ~? …라니 무슨 말이야?
What do you mean S+V? …가 무슨 말이야?

상대방이 말한 내용을 다시 한번 확인할 때 혹은 상대방 말의 진의를 파악하고자 할 때 쓰는 표현으로 다소 놀라운 상태에서 내뱉는 말. 그래서 실제 회화에서는 보통 What do you mean?이라고 간단히 말하거나 What do you mean~ 다음에 주어+동사의 문장형태, 혹은 위 문장처럼 What do you mean, too late?처럼 납득이 안가는 어구만 받아서 쓰기도 한다. 한편 What do you mean by that?은 상대방이 말한 내용을 다시 언급하지 않고 그냥 간단히 by that으로 쓴 경우로 "그게 무슨 말이야?"라는 표현이다.

이럴땐 이렇게 말해야!

1 너무 늦었다니 그게 무슨 말이야?
What do you mean, too late?

2 확실하지 않다니 무슨 말이야?
What do you mean you're not so sure?

3 네가 못온다니 그게 무슨 말이야?
What do you mean you're not coming?

4 나를 기억못한다니 그게 무슨 말이야?
What do you mean you don't remember me?

5 잘렸다니 그게 무슨 말이야? 어떻게 된거야?
What do you mean you got fired? What happened?

Real-life Conversation

A: What do you mean you quit? You can't quit!
B: Why not?
A: 그만 둔다니 그게 무슨 말야? 그만 못둬! B: 왜요?

A: Biggest doesn't always mean best.
B: What do you mean?
A: 가장 크게 항상 제일 좋은 것만은 아냐. B: 그게 무슨 말이야?

Pattern **070** 뭘 …하고 싶은거야?

What do you want to **do?**
뭘 하고 싶어?

 핵심포인트

What do you want to+V~? 뭘 …하고 싶은거야?
What do you want me to+V~? 내가 뭘 …하기를 바래?

What do you want~? 다음에 to+동사, 혹은 for+명사를 써 …을 원하느냐, 혹은 …을 하고 싶어라는 의미. 회화에서 자주 나오는 What do you want from me?는 "나보고 어쩌라는거야?"라는 의미의 표현. 또한 What do you want me to+동사?는 want 다음에 to+동사의 의미상 주어인 me가 나온 경우로 상대방에게 뭘 원하냐고 물어보는 것이 아니라 내가 뭘하기를 네가 원하냐고 물어보는 표현이다. What do you want me to do?는 "날 더러 어쩌라고?," What do you want me to say?는 "날더러 뭘 말하라고?"라는 뜻이다.

> 이럴땐 이렇게 말해야!

1 뭘 알고 싶어?
   What do you want to know?

2 그거 어떻게 하고 싶어?
   What do you want to do with it?

3 무슨 얘기하고 싶은거야?
   What do you want to talk about?

4 안젤라에 대하 뭘 알고 싶어?
   What do you want to know about Angela?

5 생일 때 뭐 갖고 싶어?
   What do you want for your birthday?

> Real-life **Conversation**

A: What do you want to do about it?
B: Let's just wait and see what happens.
A: 그것에 대해 어떻게 하고 싶으니? B: 어떻게 되는지 일단 두고 보자.

A: What do you want to have for lunch?
B: How about getting a hot dog?
A: 점심으로 뭐 먹을래? B: 핫도그가 어때?

What happened last night?
지난밤에 무슨 일이야?

✎ 핵심포인트

What happened to+N~? ···가 어떻게 된거야?

상대방에게 무슨 일이 일어났는지를 물어보는 것으로 What+동사?의 형태 중에서 최고로 많이 쓰이는 표현중의 하나이다. 좀 더 구체적으로 표현하고자 하면 What happened to you?, What happened to your teeth?처럼 궁금한 대상을 전치사 to 다음에 넣어주면 된다.

이럴땐 이렇게 말해야!

1   걔한테 무슨 일이 있는거야?
    What happened to her?

2   걔한테 키스했고, 그래서 다음에는 어떻게 됐어?
    You kissed her, so what happened after that?

3   저녁 때 어떻게 되는거야?
    What happened at dinner?

4   간밤에 무슨 일이야?
    What happened last night?

5   직장에서 무슨 일 있었어?
    What happened at work?

Real-life Conversation

A: What happened between you and your Mike?
B: Well, we got into a fight.
A: 너하고 마이크 사이에 무슨 일이야? B: 어 싸웠어.

A: What happened?
B: You kissed my girlfriend!
A: 무슨 일이야? B: 네가 내 여자친구에게 키스했잖아!

162

What kind of **muffins do you want?**

어떤 종류의 머핀을 원해?

 핵심포인트

What kind of+N+are you[do you]~? 어떤 …을 할거야?
What time do you+V? 언제 …을 해?

What이 뒤에 명사를 붙여서 의문문을 만드는 경우로 What kind of+명사 ~? 및 What time ~?이 주로 많이 쓰인다. 어떤 종류의 일을 하냐고 물어볼 땐 What kind of work do you do?, 내가 어떤 종류의 사람일거라 생각하냐고 물어볼 땐 What kind of person do you think I am? 그리고 영화가 몇시에 시작하냐고 물어보려면 What time does the movie start?라고 하면 된다.

이럴땐 이렇게 말해야!

1 네 아내는 어떤 종류의 음악을 좋아해?
What kind of music does your wife **like?**

2 네 엄마는 언제 퇴근하셔?
What time does your mom get back from work?

3 몇시에 날 픽업할거야?
What time do you want to pick me up?

4 넌 몇시에 거기에 도착했어?
What time did you get there?

5 우리는 몇시에 떠나는 걸로 되어 있어?
What time are we supposed to leave?

Real-life Conversation

A: What kind of ice cream are you having?
B: Well, I'm a real fan of strawberry.
A: 어떤 아이스크림 먹을래? B: 음, 난 딸기 아이스크림을 정말 좋아해.

A: I'd like to request a wake-up call.
B: What time do you want the call?
A: 모닝콜을 부탁하고 싶습니다. B: 몇시에 전화해드릴까요?

What did you say to him?
걔한테 뭐라고 했니?

 핵심포인트

What did you+V~? 뭘 …한거야?
What did you do with[to]+N? …에게 뭘 어떻게 한거야?

What did you do~ ?, What did you say~ ? 그리고 지나간 일에 대한 상대방의 의견을 묻는 것으로 What did you think of~ ? 등을 알아둔다. 물론 What did you bring?(뭘 가져왔어?), What did you order?(뭘 주문했어?)등 다양한 동사를 넣어서 말해볼 수 있다. 특히 What did you do with[to]~ ?는 "…를 어떻게 한거야?"라는 뜻으로 What did you do with it?하면 "그거 어떻게 했어?," What did you do to my dad?하면 "내 아버지한테 어떻게 한거야?"라는 의미이다.

이럴땐 이렇게 말해야!

1 닉, 지난 밤에 뭐했어?
   What did you do last night, Nick?

2 뭐라고요?
   What did you say?

3 걔한테 뭐라고 했니?
   What did you say to him?

4 걔에게 뭘 사줬어?
   What did you get for her?

5 내가 뭘 할거라 생각했어?
   What did you think I was going to do?

Real-life Conversation

A: What did you do last Saturday evening?
B: I went to the theater with my girlfriend.
A: 지난 토요일 밤에 뭐 했어? B: 여자친구랑 극장에 갔었어

A: What did you think of the soccer game last night?
B: Oh, I didn't see it.
A: 어젯밤 축구 경기 어땠어? B: 네, 안 봤는데.

What can I do for you?

뭘 도와드릴까요?

 핵심포인트

What can I+V~? 뭘 …해줄까?
What can I do to+V? …하기 위해 내가 뭘 해줄까?

What과 조동사 can이 어울리는 경우. What can I+동사~?는 내가 상대방에게 뭔가를 해줄 수 있다고 물어보는 것으로 아는 사람들끼리 쓸 수도 있지만 특히 주로 서비스업에 종사하는 사람들이 애용하는 표현. 식당주문, 옷고르기 등 손님에게 도움을 주고자 할 때 쓰는 전형적인 표현이다. 관용표현으로 What can I do?는 "내가 (달리) 어쩌겠어.", What can I say?는 "난 할 말이 없네," "나더러 어쩌라는거야," "뭐랄까?," 그리고 What can I tell you?는 "어쩌라고?," "뭐라고 해야 하나?"라는 의미이다.

> **이럴땐 이렇게 말해야!**

1 뭘 갖다 줄까?
   What can I get you?[What can I get for you?]

2 무엇을 도와드릴까요?
   What can I help you with?

3 뭘 주문하시겠습니까?
   What can I order for you?

4 걜 도와주기 위해 어떻게 해야 할까?
   What can I do to help her?

5 어떻게 하면 이 실수를 만회할 수 있을까요?
   What can I do to make it up to you?

> **Real-life Conversation**

A: What can I do for you?
B: Can I have a refund for this?
A: 뭘 도와드릴까요? B: 이거 환불받을 수 있을까요?

A: What can I do for you?
B: Fill it up with premium.
A: 무엇을 도와드릴까요? B: 고급휘발유로 가득 넣어주세요.

How was that?
그거 어땠어?

✎ **핵심포인트**

How's+N~? …가 어때?
How is[are]+S+~ing? …가 어떻게 …해?

how는 what과 더불어 회화에서 가장 많은 회화문형을 만들어내는 의문사. 방식, 방법 등을 물어볼 때 사용되는 how는 특히 상대방과 인사를 나눌 때 애용된다. 먼저 간단한 How be+명사?의 형태부터 살펴보는데, 인사표현들인 How are you?(잘지내?), How's your life?(요즘 어때?) How was your day?(오늘 어땠어?) 등이 다 이 구문에서 나온 표현들이다. 한편 How's it going?(어때?)와 How are you doing?(안녕?)으로 유명한 How is[are]+주어+~ing? 또한 주어가 어떠냐고 물어보는 문형이다.

이럴땐 이렇게 말해야!

1 여름방학 어때?
   How's **your summer vacation?**

2 걔 어떻게 지내?
   How's **she doing?**

3 그거 어때?[그거 어땠어?]
   How's **that?**[How was **that?**]

4 지난밤 데이트 어땠어?
   How was **your date last night?**

5 여행[비행, 인터뷰] 어땠어?
   How was **your trip[flight, interview]?**

Real-life Conversation

A: How was the movie last night?
B: Not bad, but it was a little too long.
A: 어젯밤에 영화는 어땠어? B: 괜찮았는데, 좀 너무 길었어.

A: How's the filing going?
B: Okay, but I spent six hours trying to find all the files.
A: 서류정리는 어떻게 돼가? B: 잘 돼가지만 서류를 다 찾느라 6시간이나 걸렸다구.

How do you like the steak?
고기를 어떻게 해드릴까요?

✎ **핵심포인트**

How do[did] you+V~? 어떻게 …해[했어]?
How do you like+N? …가 어때?

How do you+동사~?의 형태 중 대표적인 문장인 How do you like+명사?는 상대방에 게 명사가 어떤지 느낌을 물어보는 말로 그냥 대명사를 써서 How do you like that?이라 고도 한다. 과거의 일을 물을 때는 물론 How did you+동사~?라고 하면 된다.

> **이럴땐 이렇게 말해야!**

1 새로 산 컴퓨터 어때?
How do you like your new computer?

2 내 새 옷은 어때?
How do you like my new suit?

3 기분이 어때?
How do you feel?

4 우리가 여기 있다는 걸 어떻게 알았어?
How did you know we were here?

5 여길 어떻게 그렇게 빨리 왔어?
How did you get here so fast?

Real-life Conversation

A: Hey Bob, how do you like your new car?
B: It couldn't be better. It's comfortable and it runs great.
A: 이봐 밥, 새로 뽑은 차 어때? B: 더 이상 좋을 수가 없어. 안락하고 잘 나가.

A: How did you do on your test?
B: You're not going to believe it. I got 100%!
A: 시험 잘 봤어? B: 믿기진 않겠지만 나 만점 받았어!

How would you like to get together?
같이 만나는거 어때?

✎ 핵심포인트

How would you like+N~? …를 어떻게 해드릴까요?, …는 어때요?
How would you like to+V? 어떻게 …할거야?, …하자

How would you like+명사?는 명사를 어떻게 해드릴까요? 혹은 …는 어때요?라고 상대방의 의사를 물어볼 때 사용하는 표현으로 식당에서 자주 들을 수 있다. 명사자리에 to+동사가 와서 How would you like to+동사?가 되면 역시 상대방의 의사를 물어보는 것으로 How would you like to pay for this?처럼 "어떻게 … 할 것이냐?"라고 물어보거나 혹은 How would you like to get together?처럼 상대방에게 "…을 하자"고 제안하는 의미가 되기도 한다.

이럴땐 이렇게 말해야!

1 스테이크를 어떻게 해드릴까요?
How would you like your steak?

2 아이스크림 좀 먹을테야?
How would you like some ice cream?

3 그거 어떻게 계산하시겠습니까?
How would you like to pay for that?

4 술 한잔하러 잠시 들를래?
How would you like to come by for a drink?

5 나랑 같이 할래?
How would you like to join me?

Real-life Conversation

A: How would you like your steak, sir?
B: I would like it well-done, please.
A: 손님, 스테이크를 어떻게 해드릴까요? B: 완전히 익혀주세요.

A: How would you like to get together? Say next Friday?
B: Friday is fine for me.
A: 만나는게 어때? 담주 금요일로? B: 나도 금요일이 좋아.

How can you **say that?**
어떻게 그런 말을 할 수가 있어?

✎ 핵심포인트

How can[could] you (not)+V~? 어떻게 …할(하지 않을) 수가 있어?
How can you say (that) S+V? 어떻게 …라고 말할 수 있어?

How can[could] you+동사?는 상대방의 어처구니 없고 이해할 수 없는 행동에 놀라면서 하는 말로 "어떻게 …할 수가 있냐?"라는 뜻. 타인하고 대립과 갈등이 비일비재한 우리 일상 생활에서 자연 많이 쓰일 수밖에 없다. 반대로 "어떻게 …하지 않을 수 있냐?"라고 물어보려 면 How can[could] you not+동사?로 하면 된다. 응용하여 How can you say (that) S+V?(어떻게 …라고 말할 수 있어?)라고 말할 수 있다.

이럴땐 이렇게 말해야!

1 어떻게 나에게 그럴 수 있어?
How can you do this to me?

2 어떻게 그렇게 확신할 수 있어?
How can you be so sure?

3 어떻게 그걸 믿을 수 있어?
How can you believe that?

4 어떻게 나를 안 믿을 수가 있어?
How can you not trust me?

5 어떻게 걜 그렇게 대할 수 있어?
How could you treat him like that?

Real-life Conversation

A: How can you be so confident?
B: Well, I know exactly what I'm going to do!
A: 어떻게 그렇게 자신있는거야? B: 글쎄, 난 내가 할 일을 정확히 알고 있거든!

A: How can you come here?
B: How could you not tell me you worked here?
A: 어떻게 여길 올 생각을 한거야? B: 어떻게 여기서 일한다는 말을 안 할 수 있는거야?

How many **kids are you going to have?**

애를 몇이나 가질거야?

 핵심포인트

How many (+N)+V+S? 몇 명(개)를 …?
How many (+N)+V~ ? 얼마나 많은 …가…?

How many[much]+명사~로 시작되는 문장으로 수나 양이 얼마나 되는지 물어볼 때 쓰는 표현이다. How many는 수를 How much는 셀 수 없는 양을 물어볼 때 사용하는데 먼저 How many~ 로 시작하는 경우를 알아본다. How many+명사는 위 문장처럼 뒤에 주어+동사가 도치되는 경우도 있고 또한 How many people came to the party?처럼 'How many+명사' 자체가 주어로 쓰여 뒤에 바로 본동사가 오는 경우도 있다. 물론 How many have you got?처럼 How many가 뒤에 명사없이 단독으로 쓰일 수도 있다.

이럴땐 이렇게 말해야!

1 지난밤에 술을 몇잔이나 마셨어?
How many drinks did you have last night?

2 오늘 칼로리를 얼마나 섭취했어?
How many calories have you had today?

3 너희들 중 몇이나 워킹데드를 봤어?
How many of you watched Walking Dead?

4 몇개를 원해?
How many do you want?

5 몇번이나 걜 때린거야?
How many times did you hit her?

Real-life Conversation

A: How many women have you been with?
B: Eight.
A: 지금까지 사귄 여자가 몇명이예요? B: 여덟명.

A: How many people came to see you off?
B: There were about ten.
A: 널 배웅하러 몇사람이 나온거야? B: 약 10명쯤 나왔더라.

How much **is this dress?**
이 드레스 가격이 얼마예요?

✎ **핵심포인트**

How much is+N? …가 얼마야?
How much do[did]+S+V~? 얼마나 …을 …해[했어]?

How much 다음에 오는 명사는 주로 How much time, How much money 정도이고 대개는 How much가 명사없이 단독으로 사용되는 경우가 더 많다. 가격을 물어보는 How much is+물건?과 How much do+주어+ cost[owe, pay]~ ?가 대표적인 패턴. 또한 간단히 How much?(얼마냐?, 얼마예요?)로만 하거나 How much+명사[비교급]?의 형태로도 쓰이는데 How much time?는 얼마나 많은 시간을?, How much more?는 얼마나 더?, 그리고 How much further?는 얼마나 더 멀어?라는 뜻이 된다.

 이럴땐 이렇게 말해야!

1 이게 얼마예요?
How much is it?

2 이거 가격이 얼마예요?
How much does it cost?

3 이거 얼마죠?
How much do I owe you?

4 네 아내를 얼마나 사랑해?
How much do you love your wife?

5 얼마나 많이 필요해?
How much do you need?

Real-life Conversation

A: How much is the delivery?
B: It's free of charge.
A: 운송비는 얼마죠? B: 무료입니다.

A: How much do I owe you?
B: That will be thirty-five dollars.
A: 얼마 내면 되죠? B: 35달러입니다.

How soon do you need it?
그게 얼마나 빨리 필요해?

✎ 핵심포인트

How soon+do[will, can]+S+V? 얼마나 빨리 …해?
How often+do[will, can]+S+V? 얼마나 자주 …해?

How+형용사[부사]로 이어지는 의문문으로 How often~과 더불어 일상생활 영어회화에서 자주 쓰이는 구문이다. How soon~?은 "얼마나 빨리…해요?"라는 의미이고 How often~?은 "얼마나 자주…해요?"라고 물어보는 것. 단독으로 How soon?(얼마나 빨리?), How often?(얼마나 자주?)로도 많이 쓰인다.

이럴땐 이렇게 말해야!

1 걔가 언제쯤 돌아올까요?
   How soon do you expect him back?

2 그게 얼마나 빨리 배달되나요?
   How soon can it be delivered?

3 이런 일이 얼마나 자주 일어나?
   How often does that happen?

4 얼마나 자주 걔 이야기를 해?
   How often do you talk about her?

5 걔가 얼마나 자주 이걸 했어?
   How often did he do this?

Real-life Conversation

A: How soon will you be able to get here?
B: That depends on the traffic conditions.
A: 언제쯤 여기에 도착할 수 있어? B: 그거야 교통상황에 달렸지.

A: How often do you text message your friends?
B: Oh, I do that all day long.
A: 얼마나 자주 친구들에게 문자를 보내? B: 온종일 문자를 해.

When's the party?
파티가 언제야?

✎ **핵심포인트**

When's+N? 언제 …해?
When's the last time S+V? 언제 마지막으로 …했어?

When~은 시간을 나타내는 단어로 동사의 행위가 이루어진 시점을 물어볼 때 사용하는 의문사. 앞의 what에 비하면 그 사용빈도는 상대적으로 낮은 편이다. 먼저 가장 단순한 형태인 When is[was]+명사? 형태를 알아본다. 응용표현으로는 When is[was] the last time 주어+동사?가 있는데 이는 "언제 마지막으로 …했어?"라는 뜻.

이럴땐 이렇게 말해야!

1 그게 언제야?
   When is that?

2 체크인이 언제예요?
   When's the check-in time?

3 언제 좋은 시간야?
   When's a good time?

4 뉴욕행 다음 비행편이 언제예요?
   When's the next flight to New York?

5 여행은 언제였어?
   When was the trip?

Real-life Conversation

A: When's your next flight to Tokyo?
B: There's one leaving in thirty minutes.
A: 도쿄행 다음 비행기가 언제 있나요? B: 30분 후에 출발하는게 있어요.

A: When was the company started?
B: It was founded over a hundred years ago.
A: 회사가 언제 시작되었어? B: 창립된지 100년 넘어.

When are you **getting married?**
언제 결혼할거야?

When is[are]+S+~ing? 언제 …해?
When will you[are you going to]+V? 언제 …할거야?

When~과 현재진행형인 be[is(are)]+~ing이 결합한 형태. 언제 …할거냐?라는 의미로 가까운 미래를 물어본다. When are you going to~?(언제 …할거야?)나 When are you planning to~?(언제 …하려고 해?) 형태의 표현이 자주 쓰이는 구문들. 물론 공인 미래조동사인 will을 써서 When will you+동사~? 형태를 써도 된다.

 이럴땐 이렇게 말해야!

1 언제 결혼할거야?
When are you getting married?

2 유럽으로 언제 가는거야?
When are you leaving for Europe?

3 언제 내게 말할거야?
When are you going to tell me?

4 언제 이걸 하려고 해?
When are you planning to do this?

5 언제 우리에게 말하려고 했어?
When were you planning to tell us?

Real-life Conversation

A: When's he getting back?
B: In a couple of days.
A: 걘 언제 돌아오는거야? B: 이삼일 후에.

A: When are you going to ask her out?
B: Tonight, but don't say anything. Okay?
A: 걔한테 언제 데이트 신청할거야? B: 오늘밤에, 하지만 아무 말도 하지마, 알았지?

When do you want to go?

언제 가고 싶어?

✎ 핵심포인트

When do[does, did] you+V? 언제 …해[했어]?
When do you want to+V? 언제 …하고 싶어?
When do you think S+V? 네 생각엔 언제 …할거야?

역시 미래의 행위가 일어나는 시점을 물어보는 형태로 When~ 다음에 일반동사가 오는 경우이다. When do you want to+동사~?는 "언제 …하고 싶어?" 그리고 When do you think 주어+동사?는 "네 생각엔 언제 …할(한) 거지?" 등이 많이 알려진 표현들. "언제 …을 했는지" 물어보려면 When did you+동사?라 하면 된다.

이럴땐 이렇게 말해요!

1 걔를 언제 만나고 싶어?
   When do you **want to meet him?**

2 걔가 언제 여기 올 것 같아?
   When do you **think she's going to get here?**

3 영화가 언제 시작해?
   When does **the movie start?**

4 가게가 언제 열어?
   When does **the store open?**

5 쟤를 언제 만났어?
   When did you **meet her?**

Real-life Conversation

A: Okay, so when do you **want to go?**
B: What? Oh, I'm sorry, I can't, I'm busy.
A: 좋아, 그럼 언제 갈래? B: 뭐? 어 미안. 난 못가, 바빠서.

A: I guess we have to wait until he comes back.
B: When do you **think he'll get back?**
A: 걔가 돌아올 때까지 기다려야 할 것 같아. B: 언제쯤 돌아올 것 같아?

Where's the fitting room?
탈의실이 어디죠?

✎ **핵심포인트**

Where is[are]+N? ···가 어디에 있어?
Where is[are]+N+from? ···을 어디서 구했어?, ···가 어디 출신이야?

가장 단순한 형태는 Where is[are]+명사?로 명사가 어디에 있냐고 소재파악을 묻는 것이다. Where is she?는 "그녀가 어디있냐?"고 물어보는 것이고, Where were you?는 "너 어디 있었냐?" 그리고 Where is it?하면 "그게 어디 있어?"라는 말이 된다. 뒤에 from을 붙여서 Where is[are]+명사+ from?하면 "···가 어디서 난거야?"라는 의미로 이 케익 어디서 샀냐고 물어보려면 Where is this cake from?이라고 하면 된다.

 이럴땐 이렇게 말해야!

1 탈의실이 어디죠?
Where is the fitting room?

2 화장실이 어디야?
Where's the rest room?

3 가장 가까운 약국이 어디야?
Where's the nearest drug store?

4 네 여권이 어디에 있어?
Where's your passport?

5 열쇠 어디에 있어?
Where are the keys?

╭─ **Real-life Conversation** ─╮

A: Where's Chris? His dad's on the phone.
B: He's in the bathroom.
A: 크리스 어딨어? 아버지 전화인데. B: 화장실에 있어.

A: Where is everybody?
B: They're hanging out with Monica.
A: 다들 어딨어? B: 모니카하고 놀고 있어.

Where're you going?
너 어디 가?

✎ **핵심포인트**

Where are you+~ing? 어디 …해?
Where are you going to+V? 어디에서 …을 할거야?

Where~과 진행형 시제인 be+~ing가 합쳐진 경우인데 사용빈도는 동사 go를 이용한 Where are you going?이 압도적이다. 부사구를 붙여서 Where are you going in such a rush?(이렇게 급히 어딜 가는 거야?)나 Where are you going this time?(이 시간에 어딜가?)이라고 응용해볼 수 있다. Where과 be going to가 결합하여 Where are you going to+동사?하면 "어디에서 …할거야?"라는 의미의 표현이 된다.

이럴땐 이렇게 말해야!

1 나를 어디로 데려가는거야?
Where are you taking me?

2 점심먹으러 어디로 데려갈거야?
Where are you taking me for lunch?

3 이거 어디서 났어?
Where are you getting this?

4 지금 어디로 차를 몰고 가는거야?
Where are you driving to now?

5 아내랑 어디 가서 저녁먹을거야?
Where're you going to take your wife to dinner?

Real-life Conversation

A: Where are you going?
B: I've got a birthday party, with some people from work.
A: 어디가? B: 직장사람들하고 생일파티가 있어.

A: Where are you traveling to?
B: To New York.
A: 어디로 여행가는거야? B: 뉴욕으로.

Where do you want to go?
너 어디에 가고 싶은거야?

 핵심포인트

Where do[did] you+V? 어디서 …하는거야[했어]?
Where do you want to+V? 어디에서 …을 하고 싶어?

Where~과 일반동사의 결합으로 Where do you+동사?는 "어디서 …해?," Where did you+동사?는 "어디서 …을 했어?"라고 물어보는 표현. 특히 "어디서 …을 하고 싶어?"라는 의미의 Where do you want to+동사?의 형태가 회화에서 많이 쓰인다. 또한 호구조사용인 Where do you live now?(너 지금 어디 살아?)나 Where do you work?(너 지금 어디서 일해?) 등 회화에서 바로바로 써먹을 수 있는 표현들도 암기해둔다.

> **이럴땐 이렇게 말해야!**

1 점심 먹으러 어디 가고 싶어?
   Where do you want to go to lunch?

2 그거는 어디에 보관해?
   Where do you keep it?

3 어디서 머리를 깍은거야?
   Where do you get your hair cut?

4 그거 어디서 들었어?
   Where did you hear that?

5 저 컴퓨터 어디서 구했어?
   Where did you pick up that computer?

> **Real-life Conversation**

A: Hey! Sorry I kept you waiting so long.
B: That's okay. So, where do you want to go?
A: 야! 오래 기다리게 해서 미안해. B: 괜찮아. 그래, 어디 갈래?

A: Where do you feel the pain most?
B: In my abdomen.
A: 어느 부위가 가장 아파요? B: 복부요.

Where can I drop you?
어디에 내려줄까?

 핵심포인트

Where can I+V? 어디서 …할 수 있어?
Where should we+V? 어디에서 …을 해야 돼?

Where~에 can, should 등이 결합되는 경우. 대부분 주어는 일인칭으로 쓰여 Where can I[we] ~?, Where should I[we] ?의 형태로 쓰인다. 꼭 알아두어야 하는 문형들로는 Where can I reach you if there is an emergency?의 Where can I reach you ~?(…하려면 어디로 연락해야 하죠?), Where can I get tickets to see the show? 의 Where can I get sth ~?(…을 어디에서 얻을 수 있죠?), 그리고 Where can I go to check my e-mail?의 Where can I go to+동사?(…하려면 어디로 가야 하죠?) 등이 있다.

이럴땐 이렇게 말해야!

1 어디 가야 걔를 볼 수 있죠?
Where can I find her?

2 어디 가서 저녁 사줄까?
Where can I buy you dinner?

3 어디에 내려줄까?
Where can I drop you?

4 어디로 가지?
Where should we go?

5 먼저 어디부터 시작해야지?
Where should we start first?

Real-life Conversation

A: Where can I wash up?
B: Here, let me show you.
A: 화장실이 어디죠? B: 여기요, 알려줄게요.

A: Okay, let's get down to business.
B: Where should we begin?
A: 자, 일을 시작합시다. B: 어디부터 시작해야죠?

Who's available now?
누가 시간낼 수 있어?

 핵심포인트

Who is+N? …가 누구야?
Who is+adj? 누가 …해?

가장 기본적인 Who is[are]+명사[형용사]?의 형태로 상대방의 정체(?)를 알아내는 Who are you?로 대표된다. "다음 차례는 누구세요?"라는 의미로 특히 서비스창구 등에서 많이 쓰이는 Who's next?, 그리고 전화를 받거나 초인종 벨이 울릴 때 사용하는 전형적인 표현들인 Who is it?(누구세요?), 방문객이 누구였는지 전화한 사람인 누구인지 물어볼 때 쓰는 Who was it?(누구였어?), 그리고 옆에 모르는 사람이 있을 때 혹은 전화에서 쓰는 Who is this?(이 사람 누구야?, 누구시죠?) 등을 기억해둬야 한다.

이럴땐 이렇게 말해야!

1 갈 준비된 사람?
   Who is ready to go?

2 누가 시간낼 수 있어?
   Who is available now?

3 이 친구 누구야?
   Who is this guy?

4 네 엄마 옆에 있는 사람 누구야?
   Who's the guy next to your mother?

5 누가 책임자야
   Who's in charge?

Real-life Conversation

A: Who's Steve?
B: You know, that guy she met at the coffeehouse.
A: 스티브가 누구야? B: 저기, 걔가 카페에서 만난 남자.

A: Who is this?
B: I'm sorry, Tom, this is Mark Johnson. He's a colleague.
A: 이 사람 누구야? B: 미안, 탐, 마크 존슨이라고 내 동료야.

Who wants to **go first?**
누가 제일 먼저 갈래?

 핵심포인트

Who+V? 누가 …해?
Who is going to+V? 누가 …을 할거야?

앞서 언급했듯이 who는 동작의 주체가 될 가능성이 많기 때문에 Who+동사?의 경우가 다른 의문사보다 상대적으로 많다. "누가 …을 하고 싶냐?"고 물어보는 Who wants to+동사 ~?, "누가 …을 알고 있냐?"고 물어보는 Who knows ~?처럼 현재형도 쓰이지만 Who did that?(누가 그랬어?), Who went to the stadium?(누가 경기장에 갔어?) Who told you that?(누가 네게 그걸 말했어?)에서 보듯 who 다음에 동사의 과거가 와서 "누가 …했냐?"고 물어보는 경우가 만만치 않게 많다.

이럴땐 이렇게 말해야!

1 걔에게 진실을 말해주고 싶은 사람?
   Who wants to tell him the truth?

2 누가 거기에 가는 방법을 알아?
   Who knows how to get there?

3 누가 식품점에 갔어?
   Who went to the grocery store?

4 누가 너에게 이렇게 한거야?
   Who did this to you?

5 누가 웬디를 파티에 데려갔어?
   Who took Wendy to the party?

Real-life Conversation

A: Who wants to go first?
B: I'll go.
A: 누가 제일 먼저 갈래? B: 내가.

A: Who said that I didn't like you?
B: Chris did.
A: 내가 널 좋아하지 않는다고 누가 그래? B: 크리스가 그랬어.

Who do you **work for?**
너 어디서 일해?

 핵심포인트

Who do[did] you+V? 누가 …해[했어]?
Who do you think (S)+V? 누가 …할거라고 생각해?

Who~가 목적어로 쓰이면서 일반동사와 결합하는 경우로 Who do[did] you+동사?의 형태가 되면 "누구를 …할까?"라는 의미. 위 예문인 Who do you work for?에서는 Who가 동사구 work for의 목적어로 사용되었고, 의미는 누구를 위해 일하냐, 즉 어디서 일하냐라는 문장이다. 좀 복잡해 보이긴 하지만 "누가 …할 거라고 생각해?"라는 의미의 Who do you think+동사~?, Who do you think 주어+동사? 또한 함께 외워둔다. 예로 "다음에 누가 결혼할 것 같아?"라고 하려면 Who do you think is going to get married next?라 한다.

> 이럴땐 이렇게 말해야!

1 누구랑 어울려 놀아?
   Who do you hang out with?

2 파티에 누굴 초대하고 싶어?
   Who do you want to invite to the party?

3 누구를 고용하고 싶어?
   Who do you want to hire?

4 누구랑 점심했어?
   Who did you have lunch with?

5 지난밤에 누구랑 데이트했어?
   Who did you go out with last night?

> **Real-life Conversation**

A: Who do you want to speak to?
B: I'd like to talk to Ms. Foster, please.
A: 누구랑 통화하시겠어요? B: 포스터 씨를 부탁합니다.

A: Who do you think Jane will marry?
B: I think Bob likes her a lot.
A: 제인은 누구와 결혼할 것 같아? B: 밥이 걔를 많이 좋아하는 것 같아.

Which do you like better?
너 어떤 걸 더 좋아해?

 핵심포인트

Which is+N[adj]~? 어느 것이 …야[해]?
Which do you+V~? 어느 것을 …해?

Which~는 좀 특이한 의문사로 선택이란 개념이 포함되어 있다. 우리말로 '어느 것'이라는 의미로 Which do you like better, A or B?하면 두 개 중 하나를 선택하라고 할 때 사용하는 문장이다. 앞부분을 조금씩 변형하여 Which is better, A or B?, Which one is better, A or B? 등으로 응용할 수 있다.

이럴땐 이렇게 말해야!

1 어떤 걸 더 좋아해?
Which do you prefer?

2 어떤 걸 추천해?
Which do you recommend?

3 누가 네 새로운 남친이야?
Which one is your new boyfriend?

4 너희들 중 누가 결혼해?
Which one of you is getting married?

5 어느게 내게 좋을까?
Which one is better for me?

Real-life Conversation

A: Which one of these phones do you want to buy?
B: I'll take the silver one, as well as the black one.
A: 이 폰들 중에서 어떤거를 사고 싶어? B: 검은색 폰뿐만 아니라 은색폰도 살거야.

A: I really wish I didn't have to study tonight.
B: Which do you prefer, an "F" or a night out with friends?
A: 오늘밤엔 정말로 공부 안했으면 좋겠어. B: F학점이랑 친구들과 밤에 노는거 중 어떤 걸 선택할거야?

Which train goes to New York?
어떤 열차가 뉴욕으로 가나요?

✎ 핵심포인트

Which+N+is+N[adj]? 어느 것이 …야[해]?
Which+N+do you+V[are you+~ing]? 어느 것을 …해?

Which~는 what처럼 뒤에 명사가 붙어 Which+명사~ ?의 형태로 문장을 만들 수 있다. Which+명사+동사~? 형태나 혹은 Which+명사+do you[are you ~ing]~?로 만들 수 있다. 물론 Which+명사?로 다른 단어의 도움없이도 완벽한 문장으로 구어체에서 많이 쓰이는데, Which way?(어떤 길? 어떤 방법?), Which part?(어떤 부분?), 그리고 앞에 언급된 명사를 반복하지 않고 더 단순하게 말하는 방식인 Which one?(어떤 거?) 등이 있다.

이럴땐 이렇게 말해야!

1 화장실이 어느 쪽에 있어?
Which way is the bathroom?

2 어느 길이 더 빨라?
Which way is shorter?

3 어느 쪽이 출구인가요?
Which way is out?

4 어떤 녀석을 말하는거야?
Which guy are you talking about?

5 어떤 비행편을 탈거야?
Which flight are you going to take?

Real-life Conversation

A: I didn't quite catch what you just said.
B: Which part didn't you get?
A: 네가 한 말을 이해하지 못했어. B: 어떤 부분을 이해 못했는데?

A: I enjoyed myself at the concert last night.
B: Which bands were playing?
A: 어젯밤 콘서트 정말 즐거웠어. B: 어느 그룹의 공연이었어?

Pattern 094 ···하는데 시간이 얼마나 걸려?

How long does it take to get there?

거기 가는데 시간이 얼마나 걸려요?

 핵심포인트

How long does it take to+V? ···하는데 시간이 얼마나 걸려?
How long have you+pp~? 얼마동안 ···했어?

How long~으로 시작하는 표현. 뭐니뭐니해도 ···을 하는데 걸리는 시간을 물어보는 표현인 How long does it take to+동사~?가 대표적이다. 다음 난이도를 조금 올려서 How long이 기간을 나타낸다는 점에 착안하여 그 기간동안 이루어진 일을 물어보는 How long have you+ pp~?의 구문, 즉 How long과 현재완료의 결합을 잘 기억해두면 된다. 단독으로 How long?하면 "얼마나 오래?"라는 뜻이고 How long ago?하면 "얼마나 오래 전에?"라는 의미이다.

> **이럴땐 이렇게 말해야!**

1 그 일을 끝마치는데 얼마나 걸렸어?
   How long did it take to finish the job?

2 역에서 회사까지 얼마걸려요?
   How long does it take to get to work from the station?

3 미국엔 얼마나 머물 계획이세요?
   How long are you planning to stay in the US?

4 여기 얼마나 오래 살았어?
   How long have you lived here?

5 걔가 결혼한지 얼마나 됐어?
   How long has he been married?

> **Real-life Conversation**

A: How long have you been working on that project?
B: I have been working on it all day long.
A: 그 작업에 매달린지 얼마나 된거야? B: 하루종일 하고 있는 중이야

A: You are really late.
B: Oh, dear. How long have you been waiting?
A: 정말 늦게 오는구만. B: 어, 자기야. 얼마나 기다린거야?

Section 03

언제 어디서나 내 맘대로 말하기!

Pattern 001 - 085

I'm on my way to **the gym**
나 체육관에 가는 길이야

 핵심포인트   S=주어, V=동사, N=명사, adj=형용사, adv=부사, prep=전치사

I'm on my[the] way to~ …로 가는 중이야
I'm on my[the] way back from~ (…에서) 돌아오는 중이야

현재 '길 위에 있는'이란 의미로 뭔가 한 곳에서 다른 지점으로 이동 중이란 뜻. on the way (over) here하면 "이쪽으로 오는 도중에," on the way back하면 "돌아오는 도중에"라는 뜻이 된다. 또한 소유격으로 바꾼 on my way로도 쓰는데 on my way home은 "내가 집에 오는 도중에" on my way to work는 "내가 출근하는 길에" 등을 의미한다.

이럴땐 이렇게 말해야!

1 나 체육관에 가는 길이야.
I'm on my way to the gym.

2 집에 가는 길에 네 집에 들를게.
I'll stop by your house on my way home.

3 브라이언 집에서 돌아오는 길이었어.
I was just on my way back from Brian's house.

4 퇴근해서 집에 오는 길이었어.
I was on my way home from work.

5 집에 가는 길에 픽업할게.
I'll pick you up on my way home.

Real-life Conversation

A: When are you leaving?
B: I'm on my way now.
A: 언제 출발할거니? B: 지금 가고 있는 중이야.

A: Thanks, I will return soon.
B: Bring me a coffee on your way back.
A: 고마워, 곧 돌아올게. B: 돌아오는 길에 커피 좀 사와.

Do you mind turning the TV off?
텔레비전 좀 끌래?

 핵심포인트

Do you mind ~ing? …해도 될까?
Do you mind if S+V? …하면 안될까?

Would(Do) you mind~ing?하면 …하기를 꺼려하느냐?라는 것으로 의역하면 "…해도 될
까요?," "…하면 안될까?"로 상대의 양해를 구하는 표현. 물론 would를 쓰면 do보다 정중
해진다. 중요한 건 이에 대한 대답인데 mind가 자체가 '…하기를 꺼려하다'라는 부정적 단어
이기 때문에 답변 또한 부정의문문의 답변에 준한다. 그래서 Yes하면 그렇다(Yes, I mind),
즉 꺼려한다는 의미로 부정의 답이 되고, No를 하게 되면 아니 꺼리지 않는다(No, I don't
mind)라는 의미로 긍정의 답이 된다. 또한 ~ing 대신에 if S+V절이 올 수도 있다.

이럴땐 이렇게 말해야!

1 뒤에 문 좀 닫을래?
   Do you mind closing the door behind you?

2 텔레비전 좀 끌래?
   Do you mind turning the TV off?

3 잠시 가방 좀 봐줄래요?
   Would you mind watching my bag for a moment?

4 여기 잠시 앉아도 돼?
   Do you mind if I sit here for a sec?

5 걔에 대해 몇가지 질문해도 돼?
   Do you mind if we ask you some questions about her?

Real-life Conversation

A: Do you mind picking me up tomorrow?
B: Sure, what time?
A: 내일 나 좀 태워 줄 수 있겠니? B: 물론이지, 몇시에?

A: Do you mind if I use your bathroom?
B: No, go ahead.
A: 화장실 좀 써도 되겠어? B: 그래, 그렇게 해.

It doesn't matter to me
난 상관없어

✏️ 핵심포인트

It doesn't matter (to+사람) (···에게) 상관없어
I don't care about+N ···가 상관없어, 관심없어

상대방이 나의 의견이나 의향을 물을 때 나는 상관없음을 혹은 결정권을 상대방에게 일임할 때 쓰는 표현. to me를 생략하거나 혹은 주어 'It'을 빼고 Doesn't matter라고 쓰기도 한다. I don't care 역시 무관심을 나타내는 표현으로 I don't care about+명사하면 "···가 알게 뭐야," "관심없어"라는 뜻으로 쓰인다. 두 표현 모두 뒤에 의문사+절의 형태가 올 수 있다.

이럴땐 이렇게 말해야!

1 상관없다고 말하지마.
   Don't tell me it doesn't matter.

2 상관없어. 나중에 결정하면 돼.
   Doesn't matter. I can decide later.

3 알게 뭐람! 난 안 그만둔다고!
   I don't care! I am not quitting!

4 난 상관안해.
   I don't care about that!

5 난 결과에 상관없어.
   I don't care about the result.

⟨ **Real-life Conversation** ⟩

A: When do you want to get together to talk about it?
B: It doesn't matter to me.
A: 언제 만나 그 얘기할까? B: 나는 별로 상관없어.

A: Can I use your computer when you're gone?
B: I don't care.
A: 너 퇴근하고 나서 네 컴퓨터를 내가 써도 될까? B: 그래, 상관없어.

190

Can you help me get dressed?

나 옷입는 것 좀 도와줄래?

 핵심포인트

help+사람+V[~ing, with+N] ···가 ···하는 걸 도와주다
help+V ···하는데 도움이 되다

help+사람 다음에 그냥 동사원형이 오기도 하고 혹은 동사원형 앞에 to가 올 수도 있는 것으로 알려져 있지만 미국영어에서는 거의 to을 사용하지 않은 경향이 있어 그냥 help+사람+동사원형이라고 외워두면 된다. 동사원형 대신 동사의 ~ing형이 올 수도 있고 참고로 도와주는 내용을 동사가 아니라 명사로 하려면 help you with homework처럼 'with+명사'를 사용하면 된다. 한편 help+동사원형이라고도 쓰이는데 이는 "···하는데 도움이 되다"라는 뜻이다.

이럴땐 이렇게 말해야!

1 보고서 쓰는거 좀 도와줄래?
Will you help me write a report?

2 설거지 마치는거 도와줄게.
I'll help you finish washing the dishes.

3 미술수업 프로젝트 좀 도와줄래?
Can you help me with my project for art class?

4 내 잔디 깎는거 도와줄래?
Can you help me mow my lawn?

5 이 문제 푸는거 도와줄테야?
Can you please help me fix this problem?

Real-life Conversation

A: Come on, help me move this.
B: I'm sorry! I must be off right now.
A: 이리와, 이거 옮기는 것 좀 도와줘. B: 미안해! 나 지금 바로 나가야 돼.

A: Could you do me a favor and lift this box?
B: Sure. I can help you with that. Anything else?
A: 이 상자 드는 것 좀 도와줄래? B: 물론. 도와줄 수 있지. 다른 건 없어?

I have been **pretty busy**
꽤 바빴어

✎ **핵심포인트**

have+pp ···했어, 해봤어

이해하기도 어려운데 어떻게 써보냐고 반문할 수도 있는 참 골치 아픈 시제. 현재와 과거 2개를 묶어서 3등분했다고나 할까? 현재가 있고 과거가 있고 그리고 과거부터 현재까지 이어져오는 표현법이 있는데 이게 바로 현재완료. 과거는 과거동작으로 지금은 상관없는 일을(I was sick for 2 weeks. 2주간 아팠지만 지금은 아픈지 안 아픈지 모른다) 표현하는 반면 현재완료는 과거의 동작이 현재까지 미치는 일을(I have been sick for 2 weeks. 2주전부터 지금까지 계속 아프다) 나타내는 독특한 시제이다.

> **이럴땐 이렇게 말해야!**

1 걔랑 헤어지기로 결정했어.
   I've decided to break up with her.

2 꽤 바빴어.
   I have been pretty busy.

3 기나긴 하루였어.
   It has been a long day.

4 네가 지겨워.
   I've had enough of you.

5 걘 여기서 일한지 5년 됐어.
   He has worked here for 5 years.

> **Real-life Conversation**

A: I'm sorry I've taken so much of your time.
B: That's OK. I'm glad we found the problem.
A: 시간을 너무 많이 뺏어서 죄송해요. B: 괜찮아요. 해결책을 찾게 돼 기쁜 걸요

A: How are things going at your school?
B: Never better. My grades have gone up this year.
A: 학교에서 어떻게 지내? B: 최고야. 성적이 금년에 올랐어.

I have been to **this place before**

전에 여기에 와봤어

 핵심포인트

I have been+to[in] …에 가본 적 있어, …에 갔다 왔어, …을 해봤어

우리가 일상에서 많이 말하게 되는 "…에 갔다 왔어" 혹은 "…에 가본 적이 있어"라는 말도 현재완료로 해결이 가능하다. have been in[to]+장소의 형태로 잠깐 갔다 오는 bathroom, station이나 혹은 좀 오래 머무르는 New York 등의 단어가 올 수도 있다. 또한 have been in love처럼 추상명사가 와서 "…상태에 있어 본 적이 있다"라는 의미로도 쓰이기도 한다. 관용표현으로 Where have you been?(어디 갔다 오는거야?), I've been there(가본 적 있어, 정말 그 심정 이해해) 그리고 I've never been there(거기 가본 적이 없어) 정도는 암기하고 가자.

> **이럴땐 이렇게 말해야!**

1 걔는 뉴욕에 8년째 살아.
She's been in New York for 8 years.

2 걔 아파트에 갔다왔는데 거기 없더라고.
I've been to his apartment, and he wasn't there.

3 전에 여기에 와봤어.
I've been to this place before.

4 하루 종일 실험실에 있었어.
I've been in the lab all day.

5 스물두살 이후로 계속 상담치료를 받아왔어.
I've been in therapy since I was 22.

> **Real-life Conversation**

A: Hello Sam. Where have you been?
B: Hi. I have been in the bathroom.
A: 야 샘. 어디 갔었어? B: 어, 화장실에.

A: You've been in there for a long time!
B: All right, I'm coming out.
A: 너 거기 너무 오래 있는다! B: 알았어, 나갈게.

I've never seen anything like that
저런거 본 적이 없어

✎ 핵심포인트

I haven't+pp~ ···해 본 적이 없어
I have never+pp ···해 본 적이 전혀 없어
You've never+pp 넌 ···한 적이 없어

이번엔 I have+pp의 부정. 과거부터 지금까지 "···한 적이 없다"라고 말하는 것으로 I have not[haven't]+pp 혹은 I have never+pp의 형태로 말하면 된다. "걔를 결코 본 적이 없다"는 I've never seen him in my life, "판다를 본 적이 없다"는 I've never seen a panda 그리고 "···할 기회가 정말 없었어"라고 하려면 I haven't really had a chance to+동사~라고 하면 된다.

이럴땐 이렇게 말해야!

1 아직 결정을 못했어.
I haven't made **up my mind.**

2 저런거 본 적이 없어.
I've never seen **anything like that.**

3 전에 거기에 가본 적이 없어.
I've never been **there before.**

4 우린 전에 이걸 해본 적이 없어.
We've never done **this before.**

5 그런 일은 들어본 적이 없어.
I've never heard **of such a thing.**

Real-life Conversation

A: Are you ready to order your food?
B: No, I haven't decided what to eat yet.
A: 주문하시겠어요? B: 아뇨, 아직 못 정했는데요.

A: It has been a very busy day.
B: That's for sure. I haven't had a break.
A: 정말 바쁜 하루였어. B: 정말이야. 한 번도 쉬지를 못했어.

Have you ever tried sushi?
스시를 먹어본 적 있어?

핵심포인트

Have you (ever)+pp~? ···을 해 본 적이 있어?
Have you ever thought about+N[~ing]? ···을 생각해본 적 있어?

현재완료의 의문형으로 상대방에게 ···한 적이 있는지를 물어볼 때 유용하게 써먹을 수 있다. Have you+pp~? 혹은 ever를 삽입하여 강조하면서 Have you ever+pp~?라고 해도 된다. 특히 Have you ever tried~?는 ···해본 적이 있는지를 물어보는 빈출 표현으로 꼭 외워두도록 한다. "결혼한 적 있어?"는 Have you ever been married?, "이런 것들 본 적 있어?"는 Have you ever seen these?, 그리고 "뉴욕에 가 본적 있어?"는 Have you ever been to New York?이라고 하면 된다.

이럴땐 이렇게 말해야!

1 호텔 예약을 해본 적 있어?
   Have you made a hotel reservation?

2 전에 마라톤 뛰어본 적 있어?
   Have you run the marathon before?

3 스시를 먹어본 적 있어?
   Have you ever tried sushi?

4 저거 들어본 적 있어?
   Have you ever heard of that?

5 애들을 가져보는 걸 생각해본 적 있어?
   Have you ever thought about having children?

Real-life Conversation

A: Have you traveled overseas?
B: I'm afraid not.
A: 해외여행해본 적 있어? B: 아니 없어.

A: I'm getting ready to play soccer.
B: Have you stretched out your muscles?
A: 축구할 준비됐어. B: 근육 풀었어?

I shouldn't have said **that**
그렇게 말하지 말았어야 했는데

✎ **핵심포인트**

should+have+pp ···했어야 했는데   must+have+pp ···이었음에 틀림없어
may[might]+have+pp ···였을지도 몰라 could+have+pp ···이었을 수도 있어

조동사+have+pp 형태의 표현 중 영어회화에서 가장 많이 쓰이는 should+have+pp로,
"···했어야 했는데"라는 의미이다. must를 사용해 must+have+pp라 하게 되면 "···이었음
에 틀림없다," may[might]+have+pp는 "···였을지도 모른다"라는 뜻의 과거의 추측이고
could+have+pp는 과거에 그럴 수도 있었지만 실제로는 그러지 않았다는 의미로 우리말
로 하면 "···이었을 수도 있다"라는 과거의 가능성을 각각 뜻한다. You shouldn't have(그
럴 필요 없는데), (It) Could have been worse(그나마 다행이야) 정도는 암기해둔다.

 이럴땐 이렇게 말해야!

1 이럴 필요까지는 없는데. (특히 선물을 받을 때)
  You shouldn't have done this.

2 그렇게 말하지 말았어야 했는데.
  I shouldn't have said that.

3 끔찍했겠구만.
  It must've been terrible.

4 아마 들어본 적이 있을거야.
  You may have heard of it.

5 누구한테나 일어날 수 있는 일인 걸요.
  It could have happened to anyone.

Real-life Conversation

A: **You should have been** here hours ago.
B: **Sorry. I got held up at work.**
A: 몇시간 전에 도착했어야 하잖아. B: 미안. 일에 치여서 말이야.

A: **What happened to your car?**
B: **Someone must have hit** it in the parking lot.
A: 네 차 왜 그래? B: 누가 주차장에서 치고 간 것 같아.

I thought you knew it
난 네가 그걸 알고 있는지 알았지

 핵심포인트

I thought (that) S+V ···라고 생각했어, ···한 줄 알았어

I thought S+V 형태로 쓰면 "···라고 생각했다"라는 의미로 예를 들어 I thought last night was great라고 하면 지난밤은 정말 좋았다고 생각해라는 말이 된다. 하지만 그렇게 생각했지만 실제는 그렇지 않은 경우에도 많이 사용되는데 위 문장은 네가 그걸 알고 있는 줄 알았는데 실제로는 그렇지 않다라는 뉘앙스를 갖는다.

> **이럴땐 이렇게 말해야!**

1 난 네가 알고 있는지 알았어.
   I thought you knew it.

2 난 네가 내편인 줄 알았어.
   I thought you were on my side.

3 가서 자라고 말한 것 같은데.
   I thought I told you to go to bed.

4 네가 떠나는 줄 알았어.
   I thought you were leaving.

5 하루 쉬는지 알았어.
   I thought you had the day off.

/ **Real-life Conversation** /

A: I thought that was just a rumor.
B: It was a true story.
A: 그게 소문인 줄 알았는데. B: 사실이었어.

A: You should know better than to let him know.
B: I thought that I could trust him.
A: 너 그 사람한테 말하면 안되는 줄은 알았을 것 아냐. B: 믿을 수 있는 사람인 줄 알았는데.

You said it was okay
네가 괜찮다고 했잖아

 핵심포인트

You told me (that) S+V ···라고 했잖아
You said (that) S+V ···라고 했잖아

You told me (that) S+V 혹은 You told me to+동사~는 "네가 ···라고 했잖아"라는 의미로 상대방이 예전에 한 말을 다시 되새김할 때 사용하는 표현이다. You said S+V 또한 앞에 있는 사람보고 "···라고 말하지 않았냐," "···라고 했잖아"라는 말로 상대방이 한 말을 재확인하거나 상황에 따라 따지는 문장이 될 수도 있다. 또한 앞서 배운 I thought S+V와 결합하여 I thought(think) you said S+V라고 하면 "난 또 네가 ···라고 말한 줄 알았는데"라는 뜻이 된다.

이럴땐 이렇게 말해야!

1 나 점심 사준다고 했잖아.
   You told me you were going to take me to lunch.

2 넌 그거에 대해 얘기하고 싶다고 했잖아.
   You said you wanted to talk about it.

3 괜찮다고 했잖아.
   You said it was okay.

4 재미있을거라고 했잖아.
   You said it was going to be fun.

5 난 네가 괜찮다고 말한 줄 알았는데.
   I thought you said it was okay.

Real-life Conversation

A: Hello! Are you at home? You told me you would call.
B: I'm sorry, but I've just been so busy!
A: 이봐! 너 집에 있는거야? 전화한다고 했잖아? B: 미안해, 하지만 너무 바빴어!

A: You said that you liked me! Did you just change your mind?
B: Kind of. Sorry about that.
A: 나 좋아한다고 했잖아! 맘이 바뀐거야? B: 좀 그래. 미안해.

He said **he didn't love her**
걘 그녀를 사랑하지 않는다고 말했어

 핵심포인트

(S)He told me (that) S+V 걔가 ···라고 했어
(S)He told me to+V 걔가 ···하라고 했어
She said (that) S+V 걔가 ···라고 했어

이번에는 다른 사람의 말을 전달하는 방법으로 He(She) said S+V하면 "그가 혹은 그녀가 ···라고 말했어"라는 뜻이 된다. 또한 tell를 써서 He(She) told me that 혹은 He(She) told me to+V라 하면 "걔가 ···라고 말했어"가 된다. 또한 Who said S+V?라고 하면 "누가 ···라고 했어?"라는 문장이 된다.

이럴땐 이렇게 말해야!

1 걔가 너보고 자기한테 전화하라고 했어.
She told me to **tell you to call her.**

2 걔는 나보고 돈을 절약하라고 했어.
He told me to **save my money.**

3 걔는 자기하고 팀하고 헤어졌다고 했어.
She told me that **she and Tim had broken up.**

4 걔가 네게 안부 전해달래.
He said **hello to you.**

5 내가 널 좋아하지 않는다고 누가 그랬어?
Who said that **I didn't like you?**

Real-life Conversation

A: Chris said that he'd pick up the tab.
B: In that case I'll have another drink.
A: 크리스가 자기가 계산한다고 했어. B: 그러면 한잔 더 해야지.

A: Susan said that I should take the job offer.
B: She may be right.
A: 수전 말로는 내가 이 일자리 제의를 받아들여야 한대. B: 걔 말이 맞을지도 몰라.

I told you to get out of here
여기서 나가라고 너한테 말했잖아

✎ **핵심포인트**

I told you (not) to+V 내가 …라고(…하지 말라고) 했잖아
I told you (that) S+V 내가 …라고 했잖아

말귀를 못알아듣는 상대방에게 혹은 말을 잘 안듣는 상대방에게 쓸 수 있는 표현으로 "내가
…라고 말했잖아"(그런데 왜 말을 안들어?)라는 뉘앙스의 표현. I told you that S+V, 혹은 I
told you to+동사라 하면 된다. 부정으로 쓰려면 I told you not to+동사로 "…하지 말라고
했잖아," 그리고 점잖게 말하려면 I thought I told you~(…라고 말한 것 같은데) 혹은 동사
를 달리하여 I asked you to+동사~라고 하면 된다.

> **이럴땐 이렇게 말해야!**

1 그러지 말라고 했잖아!
   I told you not to do that!

2 걔가 그러지 않았다고 했잖아.
   I told you he didn't do it.

3 쟤가 원하는 건 다 주라고 했잖아.
   I told you to give her whatever she wants.

4 오지 말라고 한 것 같은데.
   I thought I told you not to come.

5 이거 관여하지 말라고 했잖아.
   I asked you to stay out of this.

/ **Real-life Conversation** \

A: What are you doing here? I thought I told you to get out of here.
B: You did, but I'm not finished my report yet.
A: 여기서 뭐하는거야? 나가라고 했던 것 같은데. B: 그랬죠. 그런데 보고서를 아직 못 끝내서요.

A: I thought I told you to get out of here.
B: You did, but I don't want to.
A: 나가라고 말했던 건 같은데. B: 그랬지, 하지만 싫은 걸.

You didn't tell me **he was sick**

넌 걔가 아프다는 걸 내게 말하지 않았어

 핵심포인트

You didn't tell me S+V …을 내게 말하지 않았어

진실공방을 할 때 요긴한 표현. 상대방이 "내가 …라고 말했잖아"라 하면서 I said~, I told you~라고 공격을 해오는데 그것이 사실이 아닐 때는 당당히 너는 내게 …라는 말을 한 적이 없다, 즉 You didn't tell me~라고 반격을 하면 된다. 자신의 억울함을 밝히는데 꼭 필요한 표현이다. that을 쓴 You didn't tell me that이라는 문장이 많이 쓰이는 편이다.

이럴땐 이렇게 말해야!

1 크리스를 초대했다는 말은 내게 안했어.
You didn't tell me you invited Chris.

2 네 여자친구가 담배핀다는 얘기안했어.
You didn't tell me your girlfriend smoked.

3 너한테 딸이 있다고 말하지 않았어.
You didn't tell me you had a daughter.

4 넌 걔가 예쁘다는 말을 하지 않았어.
You didn't tell me she was beautiful.

5 걔가 아프다는 걸 내게 말하지 않았어.
You didn't tell me she was sick.

Real-life Conversation

A: You didn't tell me Aunt Gert was here.
B: Yes, she really wanted to visit us.
A: 거트 숙모가 오셨다는 말을 내게 안했어. B: 아니 했어, 숙모는 정말 우리를 방문하고 싶어하셨어.

A: I told you we were in trouble.
B: You didn't tell me it was this bad.
A: 우리가 곤경에 처할거라 말했잖아. B: 이렇게 안좋을거라고는 말하지 않았어.

I found this website on **the Internet**
인터넷에서 이 사이트를 찾았어

✎ 핵심포인트

I read in the newspaper that S+V 신문에서 ···을 읽었어
I saw on the news that S+V (TV) 뉴스에서 ···을 봤어
I found sth on the Internet ···을 인터넷에서 봤어

신문이나 뉴스나 인터넷, 그리고 YouTube 등 정보매체에서 접한 정보를 전달할 때 사용하는 구문들. 신문에서 ···을 봤다고 할 때는 I read in the newspaper that S+V, 뉴스에서 봤다고 할 때는 I saw in the news that S+V 그리고 인터넷에서 접한 소식은 I found sth on the Internet이라고 하면 된다.

이럴땐 이렇게 말해야!

1 거대한 폭풍이 일본을 강타했다는 기사를 읽었어.
   I read in the newspaper that **a big storm hit Japan.**

2 극의 빙하가 녹고 있다는 뉴스를 봤어.
   I saw on the news that **arctic ice is melting.**

3 요가가 유행이라는 뉴스를 봤어
   I saw on the news that **yoga is becoming popular.**

4 사고가 일어났다는 뉴스를 봤어.
   I saw on the news that **an accident happened.**

5 인터넷에서 이 사이트를 찾았어.
   I found his website on **the Internet.**

Real-life Conversation

A: I read in the newspaper that **the economy is bad.**
B: That's right. Business is bad for everyone.
A: 경제가 안 좋다는 기사를 읽었어. B: 맞아. 다들 경기가 안좋아.

A: I found something on the Internet for our report.
B: What information did you get?
A: 레포트에 필요한 것을 인터넷에서 찾았어. B: 어떤 정보인데?

Can you tell me **what happened?**
무슨 일이 일어났는지 말해줄래?

 핵심포인트

Can you tell me (about)+N? …(에 대해)를 말해줄래?
Can you tell me 의문사 to+V[의문사 S+V]? …를 말해줄래?

상대방에게 궁금한 점이나 정보를 물어볼 때 요긴하게 사용하는 표현. Can[Could] you
tell[show] me 의문사 S+V? 혹은 간단히 의문사 to+동사형태를 써서 Can[Could] you
tell[show] me 의문사 to+동사?라 해도 된다. 그냥 Please tell me S+V라 해도 된다. 한
편 뒤에 명사가 와서 Can you tell me (about)+명사?로도 쓰이는데 이때는 …(에 대해)
를 말해줄래?라는 의미이다. 그냥 이유만 물어보려면 Can you tell me why?라 한다.

이럴땐 이렇게 말해야!

1 저게 뭔지 말해줄래?
   Can you tell me **what that is?**

2 네 아내한테 무슨 일이 일어났는지 말해줄래?
   Can you tell me **what happened to your wife?**

3 거기에 무슨 일인지 말해줄래?
   Can you tell me **what's going on in there?**

4 폴 스미스의 사무실이 어딘지 말해줄래?
   Can you tell me **where Paul Smith's office is?**

5 네 감정을 말해줄테야?
   Can you tell me **how you feel?**

Real-life Conversation

A: Can you tell me where the toilet is?
B: Wait a minute, let me ask someone for you.
A: 화장실이 어딘지 알려줄래요? B: 잠시만요, 다른 사람한테 물어보고요.

A: Can you tell me where you're going to stay?
B: I'll be staying with my cousin.
A: 어디 머물건지 알려줄래요? B: 사촌 집에 머물겁니다.

I want to make sure that you're okay

네가 괜찮은지 확실히 하고 싶어서

✎ **핵심포인트**

Let me make sure [I'll make sure, I want to make sure] S+V …을 확인해볼게
Please make sure [I want you to make sure] S+V 네가 …을 확실히 해

make sure는 '…을 확인하다,' '확실히 하다'라는 의미. 특히 Let me make sure that S+V는 "…을 확인해볼게," "…을 확실히 할게"라는 의미로 자신없는 부분을 재차 확인할 때 긴요하게 써먹을 수 있는 표현이다. I'll make sure S+V라 해도 된다. 반대로 상대방에게 "…을 확실히 해라," "…을 꼭 확인해"라고 할 때는 Please make sure that S+V라 하면 된다. 또한 I want to make sure S+V는 "…을 확실히 하고 싶다," 그리고 I want you to make sure S+V는 "네가 …을 확실히 해라"라는 뜻이 된다.

 이럴땐 이렇게 말해야!

1 아무 회의도 없는지 확인해볼게.
   Let me make sure that I don't have any meetings.

2 일요일에 할 일이 없는지 확인해볼게.
   Let me make sure I'm not doing anything on Sunday.

3 걔가 꼭 오도록 해.
   Please, make sure she comes.

4 네가 괜찮은지 확인하고 싶어서.
   I want to make sure that you're okay.

5 단지 네가 집에 무사히 왔는지 확인하고 싶었어.
   I just wanted to make sure you got home safe.

⌐ **Real-life Conversation** ⌐

A: You're in charge, OK? You make sure nobody leaves!
B: Got it!
A: 네가 책임자지? 아무도 못나가게 해! B: 알았습니다!

A: Make sure you don't let her down.
B: Don't worry. I won't.
A: 그 여자를 실망시키지 않도록 해. B: 걱정마. 안 그럴테니.

I can't help but think of you
너를 생각하지 않을 수 없어

✎ 핵심포인트

I can't help+~ing ···하지 않을 수 없어
I can't help but+V ···하지 않을 수 없어
I have no choice but to+V ···하지 않을 수 없어

나도 어쩔 수 없는 상황임을 말할 때 쓰는 표현으로 간단히 I can't help it이라고 할 수 도 있고 어쩔 수 없이 하게 되는 일을 구체적으로 말하려면 I can't help but+동사 혹은 I can't help+~ing의 형태를 사용하면 된다. 또한 I have no choice but to+동사를 써도 마찬가지 의미이다. I can't help~을 이용한 굳어진 표현으로는 I can't[couldn't] help myself(나도 어쩔 수가 없어[없었어]) 등이 있다.

이럴땐 이렇게 말해야!

1 크리스를 생각하지 않을 수 없어.
   I can't help but **think about Chris.**

2 좀 죄의식을 느끼지 않을 수 없어.
   I can't help but **feel a little guilty.**

3 의아해하지 않을 수 없었어.
   I couldn't help but **wonder.**

4 그러지 않을 수 없어.
   I have no choice but to **do that.**

5 그 경찰관은 무력을 쓸 수밖에 없었어.
   The police officer had no choice but to **use force.**

Real-life Conversation

A: I can't help playing computer games every day.
B: That means you have no time to study.
A: 매일 컴퓨터게임을 하지 않을 수 없어. B: 그 얘긴 곧 공부할 시간이 없다는 얘기구만.

A: I have no choice but to pay her the money.
B: It's going to be really expensive.
A: 걔한데 돈을 갚을 수밖에 없어. B: 돈이 정말 많이 들텐데.

I can't wait to tell you this
네게 이걸 빨리 말하고 싶어

✎ 핵심포인트

I can't wait to+V[for+N] ···을 몹시 하고 싶어
I can't wait for A to+V A가 ···하기를 정말 바래

뭔가 몹시 하고 싶을 때, 안달이 나 있을 때 사용할 수 있는 표현으로 I can't wait to+동사[for+명사]를 사용한다. ···하기를 기다릴 수 없을 정도로 바로 하고 싶다는 뜻으로 be eager to+동사, be dying to+동사와 같은 뜻이다. I can't wait for A to+동사하면 의미상의 주어인 A가 to+동사~하기를 바란다는 뜻이 된다.

 이럴땐 이렇게 말해야!

1 널 몹시 만나고 싶어.
 I can't wait to **see you.**

2 네게 이걸 빨리 말하고 싶어.
 I can't wait to **tell you this.**

3 네가 걜 빨리 만났으면 좋겠어.
 I can't wait for you to **meet her.**

4 걔는 영어배우려고 열 올리고 있어.
 He's so eager to **learn English.**

5 거기 정말 가고 싶어 했어.
 I've been dying to **go there.**

Real-life Conversation

A: I can't wait to **see the results of the test.**
B: They should be here by Monday.
A: 시험성적을 알고 싶어 죽겠어. B: 월요일까지는 알게 될거야.

A: I'm dying to **go traveling again.**
B: When was the last time you went somewhere?
A: 다시 여행가고 싶어서 견딜 수가 없어. B: 여행을 마지막으로 간게 언제였는데?

Why do you **keep saying** that?

왜 계속 그 얘기를 하는거야?

 핵심포인트

keep (on) ~ing 계속해서 …을 하다

'계속하다'하면 떠오르는 단어는 continue이지만 실제 구어체에서 "계속해서 …하다"라는 표현을 쓸 때는 keep+~ing을 훨씬 많이 쓴다. 잘 알려진 명령문 형태의 Keep going!(계속 해!), Keep talking!(계속 말해봐!), Keep moving!(계속 움직여!) 외에도 People keep saying that(사람들이 계속 그렇게 얘기해), Are you going to keep seeing her?(계속 쟤를 만날거야?)처럼 일반문장에서도 keep ~ing의 활약은 무궁무진하다.

이럴땐 이렇게 말해야!

1 계속 연습을 해야 한다.
   You need to keep practicing.

2 이 근처에서 자주 만나네.
   I keep bumping into you around here.

3 팸하고 데이트하려고 계속 시도중이야.
   I keep trying to get a date with Pam.

4 아빠, 제 차가 낡아서 자꾸 고장나요.
   Dad, my car is old and keeps breaking down.

5 날 계속 쳐다보는데 뭐 불만있어?
   You keep looking at me. Do you have a problem with me?

Real-life Conversation

A: How come you keep calling me? I don't want to talk to you.
B: Maybe one day you will change your mind!
A: 왜 자꾸 전화하는거야? 너랑 얘기하고 싶지 않다고. B: 언젠가는 네 마음이 바뀔거야!

A: If you keep drinking like that, you're going to get a potbelly.
B: It's a little too late, I have already got one.
A: 계속 그렇게 술을 마셔대면 배불뚝이가 될거야. B: 이미 늦은 것 같아. 벌써 그렇게 된 걸.

Feel free to drop by anytime
언제든 편하게 들러

 핵심포인트

Feel free to+V 마음 편히 …해
Don't hesitate to+V 주저말고 …해

상대방에게 어려워 말고, 부담없이 맘대로 …하라고 친절하게 말할 때 사용하는 표현. "주저하지 말고 …해라"는 의미의 Don't hesitate to+동사도 함께 학습해본다. Feel free to~가 꼭 명령문 형태로 쓰이는 것은 아니라 I want you to feel free to+동사~(네가 맘편히 …하도록 해)나 You can feel free to+동사~(맘놓고 …해)의 형태로도 쓰일 수 있다는 것을 알아둔다.

이럴땐 이렇게 말해야!

1 언제든 편하게 들러.
Feel free to drop by anytime.

2 계시고 싶을 때까지 마음놓고 여기에 머무세요.
Feel free to stay here as long as you like.

3 휴가 때 마음편히 재미있게 보내.
I want you to feel free to have fun while you're on vacation.

4 필요한거 있으면 바로 말해.
If you need anything, don't hesitate to ask.

5 뭐 궁금한게 있으면 주저말고 전화해.
If you have any questions, please don't hesitate to call me.

Real-life Conversation

A: Feel free to stay here as long as you like.
B: It's very kind of you to say so.
A: 계시고 싶을 때까지 마음놓고 머무세요. B: 그렇게 말씀해주셔서 고맙습니다.

A: I want to get this report done before I go home.
B: Feel free to ask if you have any questions.
A: 집에 가기 전에 레포트를 끝내고 싶어. B: 질문있으면 언제라도 해.

Don't forget to **get me a present**
내게 선물 사주는거 잊지마

 핵심포인트

Don't forget to+V 꼭 …을 해
Be sure to+V 반드시 …을 해

상대방에게 "…을 잊지 말고 반드시 하라"고 주의를 환기시켜줄 때에 쓰는 표현으로 Don't forget to+동사라 하면 된다. 비슷한 표현으로는 Be sure to+동사(반드시 …해)가 있는데 반대로 "내가 반드시 …할게"라고 말하려면 I will be sure to+동사라고 하면 된다. 예로 "내가 반드시 그것을 할게"라고 하려면 I'll be sure to do that이라고 하면 된다.

이럴땐 이렇게 말해야!

1 가게에서 우유사오는거 잊지마.
   Don't forget to **buy milk at the store.**

2 파티에 여자친구 데려오는거 잊지마.
   Don't forget to **bring your girlfriend to the party.**

3 방청소하는거 잊지마.
   Don't forget to **clean your room.**

4 내게 선물 사주는거 잊지마.
   Don't forget to **get me a present.**

5 반드시 그것들 다 확인해봐.
   Be sure to **check them all.**

Real-life Conversation

A: I have to go. I need to get to work.
B: Don't forget to take your lunch with you.
A: 나 가야 돼. 일해야 돼. B: 점심 가지고 가는거 잊지마.

A: Take care. And don't forget to e-mail me.
B: I'll do that when I get home!
A: 조심해. 그리고 잊지 말고 내게 이메일보내고. B: 집에 가서 보낼게!

I forgot to **tell you about the party**
너한테 파티에 관해 얘기한다는 걸 깜박했어

핵심포인트

I forgot to+V ···하는 것을 잊었어
I forgot (about)+N[~ing] ···한 것을 잊었어, ···을 깜박했어

forget sth은 뭔가를 "잊고 두고 오거나," "생각이 안난다," forget that(how~) S+V는 "···
을 잊다," 그리고 앞으로 해야 할 것을 잊어버렸을 때는 I forgot to+동사라고 하면 된다. 반
대로 과거에 한 것을 잊었다고 할 때는 I forgot about that(내가 그걸 잊었어)처럼 forget
(about)+명사[~ing]를 쓰면 된다. forget이 들어가는 회화표현으로는 I totally forgot (깜
박 잊었어), I almost forgot(거의 잊을 뻔했어), Forget (about) it(됐어, 괜찮아), 그리고
How could I forget?(내가 어떻게 잊겠어?) 등이 있다.

이럴땐 이렇게 말해야!

1 핸드폰 충전기를 잊고 두고 왔어.
I forgot my cell phone charger.

2 맙소사, 네게 전화하는 걸 잊었어.
Oh, my god, I forgot to call you.

3 사장이 전화했다는 걸 말하는 걸 잊었어.
I forgot to tell you that the boss called.

4 내가 유부남이라는 걸 깜박하고 말 못했네.
I forgot to mention that I am married.

5 데이트하는 걸 잊었어. 미안해.
I forgot about our date. I'm so sorry.

Real-life Conversation

A: Why didn't you answer your cell phone?
B: I forgot it at home today.
A: 왜 네 핸드폰 안 받았어? B: 깜박하고 오늘 집에 두고 왔어.

A: Why didn't you prepare a report?
B: It's my fault. I forgot to do it.
A: 왜 아무도 레포트 준비를 안한거야? B: 내 잘못이야. 내가 깜박 잊었어.

I left the key in the room

방에 열쇠를 두고 나왔어

✏️ 핵심포인트

I left+N …을 두고 왔어
I lost+N …을 잃어버렸어
I missed+N …을 놓쳤어

영어회화를 하면서 과거시제를 사용하는 것은 쉽지 않다. 여기서는 회화에서 자주 쓰는 과거
동사 몇가지를 알아본다. 뭔가를 두고 왔을 땐 I left~, 뭔가 잃어버렸을 때는 I lost~, 기차나
버스를 놓쳤을 때는 I missed~라고 하면 된다.

이럴땐 이렇게 말해야!

1 방에 열쇠를 두고 나왔어.
   I left my key inside my room.

2 호텔가는 길에 택시에 여권을 두고 내렸어.
   I left my passport in the taxi on the way to the hotel.

3 퇴근할 때 책상에 핸드폰을 두고 왔어.
   I left my cell phone on the desk when I was leaving the office.

4 여권을 잊어버렸는데. 어떻게 해야죠?
   I lost my passport. What should I do?

5 기차를 놓쳤는데 뉴욕행 다음 열차는 언제죠?
   I missed my train. When is the next train for New York.

Real-life Conversation

A: What's the problem here?
B: I left my key inside my room.
A: 왜 그러시죠? B: 방에 열쇠를 두고 나왔어요

A: Mother is angry because you missed the class.
B: Oh no! I wish I was dead.
A: 네가 수업을 빠져 엄마가 화났어. B: 아이고 저런! 큰일 났네.

Can I get you a drink?
내가 술 한잔 사줄까?

 핵심포인트

Can I get you+N? …을 갖다 줄까?(=I'll get you+N, Let me get you+N)
Can you get me+N? …을 갖다 줄래?(=You got to get me+N)

get sb sth을 소스로 해서 Can I get you~, I'll get you~, Let me get you~의 형태로 "너에게 뭔가를 가져다주다," 반대로 Can you get me~, You got to get me~의 형태로 는 "내게 뭔가를 가져다달라"는 의미로 쓰인다. get somebody something은 순서를 바꿔 get something for somebody라 쓸 수도 있어, I'll get you something은 I'll get something for you라 할 수 있다. 전치사 for가 쓰인다는 점을 명심해야 한다.

이럴땐 이렇게 말해야!

1 맥주 갖다줄게.
I'll get you a beer.

2 감깐만요, 매니저 불러드리죠.
Just a moment and I'll get you the manager.

3 내게 일 좀 줘야죠.
You've got to get me some work.

4 집까지 태워다줄래?
Will you get me to my house?

5 메모할 것 좀 줘.
Get me something to write on.

Real-life Conversation

A: How about we go get you a drink?
B: Ok, that's so nice.
A: 술 한잔 사줄까? B: 좋지, 고마워.

A: Go to the store and get me something.
B: Would you please be more specific?
A: 가게에 가서 뭐 좀 사다 줘. B: 좀더 구체적으로 얘기해줄래?

I'll give you a call
내가 너한테 전화할게

 핵심포인트

give sb sth ···에게 ···을 주다
give sth to sb ···에게 ···을 주다

비록 잘 나가는 만능동사 get에게 대표자리를 내주었지만 "···에게 ···을 주다"하면 가장 떠오르는 동사는 give. 전통을 자랑하는 덕에 거의 숙어화된 표현들이 많다. give sb a call은 ···에게 전화하다, give sb a hand는 ···를 도와주다, 그리고 give sb a ride는 ···을 태워주다 등처럼 말이다. give A B에서 A와 B의 순서가 바뀌는 경우 전치사 to가 필요하다. 즉, I'll give you a chance는 I'll give a chance to you로 다시 쓸 수 있다는 말이다. 앞의 get이 전치사 for를 애용한다는 점과 비교하면서 기억해둔다.

이럴땐 이렇게 말해야!

1 나 좀 도와줄래?
Could you give me a hand?

2 날 괴롭히지마.
Don't give me a hard time.

3 언제든[언제 한번] 전화해.
Give me a call anytime[sometime].

4 잠깐만. 가서 옷 좀 갈아입을게.
Give me a minute. I'll go change my clothes.

5 집에까지 태워다줄게.
Let me give you a ride home.

Real-life Conversation

A: I need help setting up the computer.
B: I'll give you a hand after lunch.
A: 컴퓨터를 설치하는데 도움이 필요해서. B: 점심먹고 도와줄게.

A: You've got to give me another chance.
B: No way!
A: 한번 기회 더 줘야지. B: 말도 안돼!

You make me happy
네가 있어 행복해

 핵심포인트

---

make sb+adj[V] ···하게 만들대[하다]
You make[made] me (feel)+adj 너 때문이 (기분이) ···해[했어]

---

make+목적어+형용사[pp]하게 되면 목적어를 "···하게 만들다"라는 의미로 특히 기쁘게 하다, 화나게하다처럼 감정적인 표현을 할 때 사용된다. 또한 make+사람+동사원형의 형태로 사람을 "강제로 ···하게 만들다"라는 표현도 많이 쓰이는데 이는 상대방의 말이나 행동 그리고 어떤 상황이 어쩔 수 없이 그렇게 만든다는 말이다. 그리고 "너로 해서 기분이 ···하다"라는 You make me feel+형용사의 형태가 자주 쓰인다.

이럴땐 이렇게 말해야!

1 네가 있어 행복해.
You make me happy.

2 네가 자랑스러워. 날 자랑스럽게 해줘.
I'm proud of you all. You make me proud.

3 뭐가 날 열받게 하는지 알아?
You know what makes me mad[angry]?

4 네 덕분에 기분이 한결 낫구나.
You make me feel much better.

5 그 소리를 들으니 기분이 좋군.
That makes me feel so good.

Real-life Conversation

A: Living with you would make me happy.
B: That isn't going to be possible.
A: 너랑 살면 행복할텐데. B: 꿈도 꾸지마.

A: I regret the day I met you.
B: Why are you trying to make me feel bad?
A: 널 만난 날이 후회된다. B: 왜 날 기분나쁘게 만드는거야?

What makes you say that?
왜 그렇게 말하는거야?

 핵심포인트

What makes you+V? 왜 …하는거야?
What brings you to+장소? 무슨 일로 …에 온거야?

What makes you+동사~?는 직역하면 "무엇(What)이 너(you)로 하여금 …하게 만들었니?"로 결국 형식은 What으로 시작했지만 내용은 이유를 묻는 말로 Why do you+V?와 같은 의미가 된다. 같은 형식으로 What brings you to+장소?라는 표현이 자주 쓰이는데 이는 무엇이 너를 …에 오게 했느냐?, 즉 뭐 때문에 여기에 왔느냐라는 말. 두 표현 모두 과거형인 What made you+동사~?, What brought you+장소?로도 쓰인다. 응용표현으로 What makes you so sure S+V?(…을 어떻게 그렇게 확신해?)을 기억해둔다.

이럴땐 이렇게 말해야!

1 왜 그렇게 말하는거야?
What makes you say that?

2 뭐 때문에 마음을 바꾼거야?
What made you change your mind?

3 차이가 있다고 왜 생각하는거야?
What makes you think there's a difference?

4 무슨 일로 병원에 왔어?
What brings you to the hospital?

5 내가 재능없다고 어떻게 그렇게 확신해?
What makes you so sure I don't have talent?

Real-life Conversation

A: I think that Chris is the most generous.
B: What makes you say that?
A: 크리스가 가장 인정이 많다고 생각해. B: 왜 그렇게 말하는거야?

A: I think he's going to leave this company.
B: What makes you think so?
A: 그 사람이 이 회사를 그만둘 것 같아. B: 왜 그렇게 생각해?

Pattern 029 ···에게 ···을 시키다

You got her to stop crying!
걔가 우는걸 그치도록 해!

✎ 핵심포인트

have+사람+V ···에게 ···을 시키다
get+사람+to+V ···에게 ···을 시키다

have는 사역동사로 have+사람+동사원형과 have+사물+pp의 형태가 있는데 여기서는 먼저 첫번째 경우, 즉 '사람'이 '동사원형'을 하도록 시키는 have+사람+동사원형의 형태를 알아본다. 다만 정식으로 사역동사 명칭을 아직 얻지 못한 get의 경우에는 have와는 달리 원형부정사가 아니라 동사 앞에 to가 나와 get+사람+to+동사의 형태가 된다는 것을 유의해야한다.

이럴땐 이렇게 말해야!

1 비서보고 그 일을 하라고 했어.
I had **my secretary** work **on it.**

2 그 사람보고 나한테 전화하라고 해, 알았지?
Just have **him** call **me, okay?**

3 문 열어주고 위층으로 올라오게 해.
Buzz him in and have **him** come **upstairs.**

4 걔가 너에게 사과하도록 할게.
I'll get **him** to apologize **to you.**

5 걔가 우는 걸 그치도록 해!
You got **her** to stop **crying!**

Real-life Conversation

A: I'll have **her** call **you back as soon as she gets in.**
B: Thank you.
A: 걔가 들어오는 대로 전화하라고 할게. B: 고마워요.

A: I'll get **him** to apologize **to you.**
B: You don't have to do that.
A: 걔가 너에게 사과하도록 할게. B: 그럴 필요 없는데.

216

I got my car washed
내 차 세차했어

✎ 핵심포인트

have[get]+N+pp …가 …했어

'have+목적어' 다음에 pp가 오면 제 3자가 목적어를 pp하였다라는 말이 된다. 그럼 간단히 I washed my car라고 하지 왜 이렇게 어렵게 말할까? 우리는 영리해서 "나 세차했어"하면 집에서 세차한게 아니라 세차장에서 세차했구나라는 걸 깨닫지만(?) 미국인들은 고지식한 건지 분명한 걸 좋아하는 건지 자기가 세차한게 아니라 다른 사람이 세차했다는 것을 굳이말하려는 습성이 있다. have 대신 get을 써도 같은 의미.

이럴땐 이렇게 말해야!

1 컴퓨터를 업그레이드했어.
   I had my computer upgraded.

2 사랑니 뽑았어?
   Have you had your wisdom teeth pulled out?

3 한 시간내로 숙제 마쳐라.
   I want you to have your homework done in an hour.

4 세차했어.
   I got my car washed.

5 금요일까지 이거 끝내야 돼.
   You have to get this done by Friday.

Real-life Conversation

A: How can I help you?
B: Can I have these delivered to this address?
A: 어떻게 도와드릴까요? B: 이 주소로 이것들을 배달시킬 수 있나요?

A: Please get it done right away.
B: Don't worry, you can count on me.
A: 지금 당장 이것 좀 해줘. B: 걱정마. 나만 믿어.

I saw her eating some cake
걔가 케익 좀 먹는 것을 봤어

 핵심포인트

see+N+V[~ing] ···가 ···하는 것을 보다
hear+N+V[~ing] ···가 ···하는 것을 듣다
feel+N+V[~ing] ···가 ···하는 것을 느끼다

사역동사와 늘 함께 설명되는 동사로 지각동사가 있다. 주로 보고, 느끼고, 듣고 등 감각에 관련된 동사들로 see, hear, feel, listen to, watch 등을 지각동사라고 한다. 사역동사와 마찬가지로 목적어 다음에 동사원형, ~ing, pp 등이 모두 다 올 수 있으며 역시 마찬가지로 동사원형[~ing]일 때는 목적어가 능동적으로 동사를 하는 것이고, pp일 경우에는 목적어가 수동적으로 동사의 행위를 받는 것을 의미한다.

> **이럴땐 이렇게 말해야!**

1 오늘 그가 사무실에 일하는거 봤어.
   I **saw** him **working** in the office today.

2 너와 걔가 그것에 대해 얘기하는거 들었어.
   I **heard** you and her **talking** about it.

3 걔가 자기 엄마 얘기하는거 들어본 적 있어?
   Have you ever **heard** him **talk** about his mother?

4 난 걔가 뒤에서 소리치는 걸 들었어.
   I **heard** him **yelling** from behind.

5 난 걔가 고통당하는 걸 더 이상 볼 수 없었어.
   I couldn't **watch** her **suffer** anymore.

> **Real-life Conversation**

A: I heard Sam talking to his boss.
B: Did he sound angry?
A: 샘이 자기 상사에게 이야기하는 걸 들었어. B: 걔가 화내는 것 같았어?

A: Is Ann still dieting?
B: No, I saw her eating some cake.
A: 앤은 아직도 다이어트해? B: 아니, 걔가 케익 먹는 걸 봤어.

218

I won't let it happen again
다시는 그런 일이 없도록 할게

✎ **핵심포인트**

I won't+V ···하지 않을게
Won't you+V? ···하지 않을래?

won't는 will not의 축약형으로 I will not+동사의 구문 정도는 사실 기초수준이지만 will not의 축약형으로 won't이 많이 쓰이고 있기 때문에 I won't+동사 구문을 별도로 다시 한번 익혀보도록 한다. 회의에 참석할 수 없을거야는 I won't be able to attend the meeting, 정말이지 한 마디도 하지 않을게는 I promise I won't say a word라 하면 된 다.

이럴땐 이렇게 말해야!

1 네 아버지에게 말하지 않을게, 약속해.
   I won't tell your father. I promise.

2 마음 바꾸지 않을게.
   I won't change my mind.

3 우리에게 쉽지는 않을거야.
   It won't be easy for us.

4 걘 오늘 여기서 널 만날 수 없을거야.
   He won't be able to meet you here today.

5 들어오지 않을래?
   Won't you come in?

Real-life Conversation

A: I can't go there today. How about Monday?
B: I won't be at home on Monday, so it's impossible.
A: 오늘 거기 못 가. 월요일은 어때? B: 월요일에는 집에 없어서 안돼.

A: I am not sure if I want to buy this.
B: Don't worry. I won't cheat you.
A: 내가 이걸 사야 할지 모르겠어요. B: 걱정마세요. 손님한테 사기 안쳐요.

I mean, this is so unfair
내 말은 말야, 이건 너무 불공평하다는거야

 핵심포인트

I mean, ~ 내 말은 말야…

대화를 하다 보면 서로 의사소통이 원활히 되지 않는 경우가 많다. I mean,~은 상대방이 내가 한 말을 못 알아들었을 때 혹은 내가 이건 다시 설명을 해줘야겠다고 생각들 때 필요한 표현이다. 일단 I mean,~이라고 한 다음에 좀 더 명확히 말을 하면 된다. 특히 native와 대화시 짧은 영어실력으로 의사전달이 정확히 안되었다고 판단될 경우에 I mean,~을 말하고 다시 한번 영작을 해볼 수 있는 요긴한 표현이다. I mean (that) S+V의 구문을 써도 되지만 이보다는 의문문도 구도 넣을 수 있는 훨씬 자유로운 I mean, ~을 활용해본다.

> **이럴땐 이렇게 말해야!**

1 내 말은 그거 말도 안되지 않아?
   I mean, **is that ridiculous?**

2 내 말은 말야 이거 멋지다고!
   I mean, **this is so cool!**

3 어떻게 이런 일이? 너무 불공평하다는 말야!
   How could this happen? I mean, **this is so unfair!**

4 내 말은 걘 그냥 친구야.
   I mean, **she's just a friend.**

5 내 말은 우리가 함께 애를 가졌다는거죠.
   I mean, **we're having a baby together.**

> **Real-life Conversation**

A: I mean, **let's be honest.**
B: Yes let's.
A: 내 말은 우리 솔직해지자고. B: 그래 그렇게 하자.

A: Yeah. I mean, **we are having a baby together.**
B: Hold on! You got her pregnant?
A: 그래, 내 말은 우리가 애기를 가졌다고. B: 잠깐! 네가 쟤를 임신시켰어?

You mean like this?
이런 식으로란 말이지?

 핵심포인트

You mean ~ ···란 말야
Do you mean (that)S+V? ···란 말이야?

반대로 You mean~하게 되면 상대방의 말을 이해못했거나 헷갈릴 경우 상대방이 한 말을 확인하고자 할 때 쓴다. 다시 설명하는 I mean,~다음에는 문장이 오는 경우가 많은 반면 이해못하는 부분만 확인하는 경향이 강한 You mean~의 경우에는 '구'의 형태도 많이 온다. 억양에 따라 의미가 좀 달라지는데 You mean~?처럼 올려 발음하면 "···란 말야?"라는 뜻으로 상대방의 확인을 적극적으로 요구하는 것이며 반대로 You mean~처럼 끝을 내려 발음하면 상대방의 말을 확인차원에서 자기가 정리한다는 느낌으로 "···란 말이구나"라는 뜻이 된다.

이럴땐 이렇게 말해야!

1 네 말은 너와 나 말이야?
   You mean, you and me?

2 네 말은 네가 애기였을 때 말이지.
   You mean, when you were a baby.

3 못 온다는 말이지?
   You mean you're not going to come over?

4 그럼 지금 사귀는 사람이 없다는 말야?
   So you mean now you're not seeing anyone?

5 걔가 아직 전화해서 말하지 않았단 말야?
   You mean she hasn't called you and told you yet?

Real-life Conversation

A: Did you see that chick that just came in?
B: You mean the one with the blond hair?
A: 야, 방금 들어온 그 여자애 봤어? B: 금발인 애 말이야?

A: You mean he got fired?
B: Bingo!
A: 그 친구가 해고당했단 말이야? B: 바로 그 말이지!

Are you saying this is my fault?

이게 내 잘못이라고 말하는거야?

 핵심포인트

Are you saying (that)S+V? …란 말야

믿기지 않은 말을 들었을 때나 놀라운 이야기를 듣고서 반문하거나 혹은 상대방의 말을 확인할 때 쓰는 구문. Are you saying that S+V?라고 하면 되는데 의미상 앞의 You mean ~?와 유사한 표현이다. 앞에 what을 붙여 What are you saying?하면 "무슨 말이야?"라는 뜻으로 상대방이 이해할 수 없는 이야기를 했을 때 던지는 말이다.

이럴땐 이렇게 말해야!

1 이게 내 잘못이라고 말하는거야?
   Are you saying **this is my fault?**

2 문제가 있다는거야?
   Are you saying **there's a problem?**

3 너 그렇게 하지 않을거라는 거야?
   Are you saying **you won't do it?**

4 그게 사고였다는거야?
   Are you saying **it was an accident?**

5 넌 걔를 손댄 적이 없다는거야?
   Are you saying **you never touched her?**

Real-life Conversation

A: I guess you're not qualified for this job.
B: Are you saying that you're not going to hire me?
A: 당신은 이 일에 자격이 안 되는 것 같아요. B: 저를 채용 안하겠다는 말씀이죠?

A: Are you saying you lied to your boss?
B: That's why I lost my job last week.
A: 너 사장에게 거짓말했다는 말이지? B: 그래서 지난주에 실직했어.

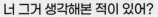

Pattern 036 …을 생각해본 적이 있어?

Have you ever thought of **that?**
너 그거 생각해본 적이 있어?

 핵심포인트

Have you thought about[of]+N[~ing]? …을 생각해 본 적이 있어?
Have you ever thought (that) S+V? …을 생각해 본 적이 있어?

상대방에게 어떤 생각을 해 본 적이 있는지 경험을 물어보는 구문. Have you thought S+V? 혹은 Have you thought about[of]+명사[~ing]?라고 하면 된다. 강조를 하려면 ever를 붙여 Have you ever thought~?라 하면 되고 또한 그런 생각을 해 본 적이 없다고 할 때는 I've never thought about it이라고 하면 된다. 한 단계 더 응용하여 "…하리라곤 전혀 생각못했어"라고 하려면 I never thought 주어+would+동사라고 하면 된다.

이럴땐 이렇게 말해야!

1 그거 생각해본 적이 있어?
Have you ever thought of[about] that?

2 스티브에게 말하는거 생각해본 적 있어?
Have you thought about telling Steve?

3 걔를 위해 거기 갈 생각해본 적 있어?
Have you ever thought about being there for her?

4 정말 그걸 생각해 본 적이 전혀 없어.
I've never really thought about it.

5 우리는 그거에 대해 생각해본 적이 없어.
We haven't thought about that stuff.

Real-life Conversation

A: Have you ever thought your wife might be sick?
B: That's not possible. She's so energetic.
A: 부인이 아플 수도 있다고 생각해봤어? B: 말도 안돼. 얼마나 혈기왕성한데.

A: Have you thought about Ted's opinion?
B: Not really. I will follow my own methods on this project.
A: 테드의 의견에 대해 생각해봤어? B: 아니. 이 프로젝트는 내 방식대로 할거야.

I wish Chris were here
크리스가 여기 있으면 좋을텐데

✎ 핵심포인트

I wish S+과거동사(had+N, was, could+V) …라면 좋을텐데
I wish S+had+pp …을 했었더라면 좋았을텐데

I wish you a merry Christmas처럼 wish는 단순히 '희망한다,' '바란다'라는 의미의 동사이지만 뒤에 절을 써서 현실과 반대되는 소망을 말하기도 한다. I wish 주어+과거동사는 현재와 반대되는, I wish 주어+과거완료(had+pp)는 과거와 반대되는 사실을 각각 말한다. 실상 우리가 많이 듣게 되고 많이 쓸 가능성이 있는 표현은 당연히 I wish 주어+과거동사로 I wish I had+명사는 "내게 …가 있으면 좋겠어," I wish I was~는 "내가 …라면 좋겠어," 그리고 I wish I could+동사는 "내가 …을 할 수 있다면 좋겠어"라는 3가지 구문을 달달 외워둔다.

> 이럴땐 이렇게 말해야!

1 마이크가 여기 있으면 좋을텐데.
   I wish Mike were here.

2 미안. 그러고 싶지만 그럴 수가 없네.
   I'm sorry, I wish I could, but I can't do it.

3 돈이 많았으면 좋겠어.
   I wish I had a lot of money.

4 여자친구가 있었으면 좋겠어.
   I wish I had a girlfriend.

5 걔에게 말할 기회가 있었으면 좋겠어.
   I wish I had the chance to tell her.

/ **Real-life Conversation** /

A: I've decided to take a holiday and go to China!
B: Wild! I wish I was going!
A: 휴가받아서 중국에 가기로 했어! B: 근사한데! 나도 갔음 좋겠다!

A: I wish I didn't have to go.
B: Then don't. Stay here.
A: 내가 가지 않아도 되면 좋을텐데. B: 그럼 가지마. 여기 있어.

It's been a while since we talked

우리가 얘기를 나눈지 꽤 오래됐어

 핵심포인트

It has been+기간 since S+V(과거) ···한지 ···가 됐어
It has been+기간명사 ···한 시간이 지났어, ···만이야

과거의 어떤 행위를 한지가 얼마나 됐는지 그 기간을 말하는 구문으로 위 예문은 과거에 얘기를 나눈지 꽤 시간이 흘렀다는 것을 뜻한다. 현재완료를 써서 It has been+기간 since S+V(과거) 형태로 쓴다. 그냥 It's been+시간명사로 쓰면 "···한 시간이 됐어[지났어]"라는 표현이 된다. 대표적인 표현으로 It's been a while하게 되면 "오래간만이야"라는 의미이다.

1 우리 저녁 먹은지 3달이 지났네.
It's been **three months** since **we had dinner.**

2 우리가 얘기한지가 꽤 됐어.
It's been **a while** since **we talked.**

3 내가 샤워한지가 8일이 지났어.
It's been **eight days** since **I took a shower.**

4 이렇게 느껴 본 적 정말 오랜만이야.
It's been **a really long time** since **I've felt like this.**

5 우리가 집을 떠난지 6시간 됐어.
It has been **6 hours** since **we left home.**

Real-life Conversation

A: It has been **10 hours** since **the rain started.**
B: I really wish that it would stop.
A: 비가 내리기 시작한지 10시간 됐어. B: 정말 멈췄으면 좋겠어.

A: It has been **a few days** since **my girlfriend called.**
B: Are you having an argument with her?
A: 애인이 전화한지 며칠 됐어. B: 애인하고 다투었어?

Aren't you going to eat?
먹지 않을거야?

 핵심포인트

Aren't you[Isn't (s)he]~? ···하지 않아?
Don't you[Can't you~, Won't you]~? ···하지 않아?

Aren't you ~?, Isn't she[he]~? 등을 비롯해 Don't you~?, Won't you ~? 등 부정으로
시작하는 의문문으로 "···하지 않아?"라고 물어보는 문장. 우리도 어여쁜 여자가 지나갈 때
"야, 예쁘다"라고도 하지만 "야 이쁘지 않냐?"라고 자신의 감동(?)을 강조해서 말하듯 영어에
서도 자기가 말하는 내용을 강조할 때 부정의문문의 형태를 많이 사용한다. 특히 자주 쓰는
Aren't you~?, Isn't it~?, Can't you~?의 쓰임새를 잘 알아두도록 한다.

> **이럴땐 이렇게 말해야!**

1 그게 그립지 않겠어?
Aren't you going to miss it?

2 거기 가야하는게 떨리지 않아?
Aren't you nervous about having to go there?

3 미국하고 같은거 아냐?
Isn't it the same in America?

4 집에 갈 시간이라고 생각되지 않아?
Don't you think it's time you went home?

5 좀 더 기다리면 안되겠어?
Can't you wait just a little bit longer?

> **Real-life Conversation**

A: Aren't you going to give me a kiss?
B: Okay, I will.
A: 내게 키스할거 아냐? B: 어 그래.

A: Can't you just let this go?
B: You're right.
A: 이거 그냥 잊어버릴 수 없어? B: 네 말이 맞아.

You don't love her, do you?

넌 걔를 사랑하지 않아, 그렇지?

✎ 핵심포인트

You do~, don't you? You are~, aren't you? She is~, isn't she? 그렇지 않아?
You don't~, do you? You aren't~, are you? She isn't~, is she? 그렇지?
명령문, will you? 응? Let's~, shall we? 그럴래?

자기가 이야기를 해놓고 정말로 궁금해서 한 번 더 다그칠 때나 혹은 자기가 물어보는 내용에 어느 정도의 확신을 갖고 상대방의 동의를 끌어내고 싶을 때 쓰는 표현법. 우리말로는 "~그렇지?" 혹은 "~그렇지 않아?"에 해당된다. 부가의문문은 문장 끝에 조동사+주어?를 붙이면 되는데 다만 문장이 긍정이면 부가의문문은 부정, 문장이 부정이면 부가의문문은 긍정으로 해야 하고 또한 일반동사는 조동사 do를, 기타 조동사는 조동사를 그대로 활용하면 된다는 것이다.

이럴땐 이렇게 말해야!

1 넌 날 별로 좋아하지 않지, 그지?
   You don't like me very much, do you?

2 넌 걔 기억하지, 그렇지 않아?
   You remember him, don't you?

3 넌 지는 걸 못참지, 그지?
   You really can't stand to lose, can you?

4 걘 마이크에게 화났어, 그렇지 않아?
   She's upset with Mike, isn't she?

5 제프는 운전하지, 그렇지 않아?
   Jeff can drive, can't he?

Real-life Conversation

A: Jack can't drive, can he?
B: Yes, he just got his license.
A: 잭은 운전 못하지, 그지? B: 할 수 있어. 면허를 막 땄거든.

A: You haven't asked her yet, have you?
B: No, not yet. Maybe tonight.
A: 아직 그 여자한테 안 물어봤지, 그지? B: 응, 아직. 오늘밤쯤에 물어볼게.

I'm looking forward to **seeing you soon**

곧 만나기를 기대하고 있어

 핵심포인트

look forward to+N[~ing] …을 몹시 기대하다
I'm looking forward to+N[~ing] …하기를 정말 기대해

아주 유명한 숙어 look forward to~을 이용한 표현. I'm looking forward to~는 "…하기를 몹시 기대하다," "바라다"라는 뜻으로 다음에는 명사나 동사의 ~ing형이 와야 한다. 여기서 to는 전치사로 다음에 동사를 사용하면 안된다. 전치사의 목적어는 명사 및 명사상당어구로 명사나 동사의 ~ing형이 와야 한다는 점을 꼭 기억해둔다. 이 표현은 특히 I'm looking forward to hearing from you soon이라는 문장으로 유명하며, "곧 답장 바랍니다"라는 의미로 편지나 이메일 등의 결구로 많이 쓰인다.

> **이럴땐 이렇게 말해야!**

1 그게 몹시 기다려져.
   I'm looking forward to it[this, that].

2 금요일 밤이 기다려져.
   I'm really looking forward to Friday night.

3 곧 만나기를 기대하고 있어.
   I'm looking forward to seeing you soon.

4 너와 함께 무척 일하고 싶어.
   I'm looking forward to working with you.

5 졸업해서 취직하길 기대하고 있어.
   I'm looking forward to graduating and getting a job.

(**Real-life Conversation**)

A: I'm looking forward to our vacation.
B: We should have a great time.
A: 방학이 무척 기다려져. B: 우리 즐겁게 시간을 보내야지.

A: I'm looking forward to getting to know you.
B: Take it easy. We have a lot of time.
A: 널 빨리 알게 되고 싶어. B: 진정하라고. 우리 시간이 많잖아.

I've decided to **stay longer**
더 머물기로 결정했어

✏️ 핵심포인트

I('ve) decided to+V ···하기로 결정했어

이번에는 나의 결심이나 결정을 표현하는 방식. 내가 "심사숙고해서 ···하기로 마음을 먹었다"라는 의미로 I('ve) decided to+동사 혹은 I('ve) decided that S+V의 형태로 쓰면 된다. 우리가 함께 살기로 했어는 We decided to live together, 시애틀로 이사가기로 했어는 I've decided to move to Seattle, 술한잔하기로 했어는 We decided to have a drink라 하면 된다. decide와 같은 의미로 회화에서는 make up one's mind도 많이 쓰인다.

이럴땐 이렇게 말해야!

1 더 머물기로 결정했어.
   I've decided to stay longer.

2 걔랑 헤어지기로 결정했어.
   I've decided to break up with her.

3 너없이 뉴욕에 가기로 했어.
   I've decided to go to New York without you.

4 우린 애를 갖기로 했어.
   We decided to have a baby.

5 질은 걔한테 한번 더 기회를 주기로 했어.
   Jill decided to give him another chance.

Real-life Conversation

A: My husband and I decided to separate.
B: It must be tough for you.
A: 남편하고 별거하기로 했어. B: 너 힘들겠네.

A: My son decided to attend law school.
B: I guess he wants to be a lawyer.
A: 아들이 법대에 가기로 했어. B: 변호사가 되려나 보네.

I didn't mean to **do that**
그럴려고 그런게 아니었는데

 핵심포인트

I didn't mean to+V …하려는게 아니었어

상대방이 오해할 수도 있는 상황에서 오해를 푸는 표현. I didn't mean to~ 다음에 오해할 수도 있는 부분을 말하거나 간단히 I didn't mean that이라고 말할 수 있다. 내가 말하려는 의도가 잘못 전달되었을 경우 "내 말은 그게 아냐"라고 하는 의미의 문장이다. 널 기분나쁘게 [모욕, 화나게] 하려는게 아니었어라고 하려면 I didn't mean to offend[insult, upset] you라고 하면 된다. 현재형으로 I don't mean to+동사로 쓰면 (사과하면서) "…할 생각은 없어"라는 뜻으로 I don't mean to make things worse하면 "상황을 더 나쁘게 만들려는 것은 아니야"이라는 의미.

이럴땐 이렇게 말해야!

1 그런 의미가 아니야.
I didn't mean that.

2 그렇게 말하려는게 아니었어.
I didn't mean to say that.

3 미안! 그럴려고 그런게 아니었어!
I'm sorry! I didn't mean to do that!

4 방해하려고 한게 아닌데.
I didn't mean to interrupt.

5 너에게 상처줄 의도가 아니었어.
I didn't mean to hurt you.

Real-life Conversation

A: I didn't mean that.
B: Then you should be more careful when you speak!
A: 내 말은 그런 뜻이 아냐. B: 그럼 말할 때 좀 더 조심해!

A: How could you do this to me?
B: I really didn't mean to make you miserable.
A: 어떻게 내게 그럴 수 있어? B: 정말이지 널 비참하게 만들려고 한게 아냐.

I can't afford to **buy this**
난 이걸 살 여력이 없어

 핵심포인트

I can't afford+N …의 여력이 없어
I can't afford to+V …할 여력이 없어

…을 구입할 경제적 여력이 되고 안되고를 말할 때는 afford를 써서 I can[can't] afford+ 명사 혹은 I can[can't] afford to+동사라고 하면 된다. 그럴 형편이 안되면 I can't afford it[that], 그걸 살 여력이 없어라고 하려면 I can't afford to buy it이라고 하면 된다. 하지 만 afford는 꼭 돈에 관련되어서 쓰이는 것은 아니다. 예로 "이 환자는 이 정도 혈액을 잃으 면 안돼"라고 할 때도 afford를 써서 She can't afford to lose this much blood라 할 수 있다.

이럴땐 이렇게 말해야!

1 저녁값 낼래? 내가 돈이 없어서.
   Can you pay for dinner? I can't afford **it.**

2 우리는 더 이상 여기서 살 여력이 없어.
   We can't afford to **live here anymore.**

3 거기서 먹을 여력이 돼.
   I can afford to **eat there.**

4 직원을 더 뽑을 여력이 없어.
   I can't afford to **hire more workers.**

5 예산은 얼마쯤 잡고 계시는데요?
   How much can you afford to **spend?**

Real-life Conversation

A: I think that hotel is too expensive.
B: You can say that again. I can't afford to **stay there.**
A: 저 호텔은 너무 비싸. B: 그러게나 말야. 거기서 머물 여유가 안돼.

A: I can't afford to **pay my rent this month.**
B: That's too bad. What are you going to do?
A: 이번 달 월세를 낼 돈이 없어. B: 안됐구만. 어떻게 할 건대?

I didn't know you needed help
네가 도움을 필요로 하는 줄 몰랐어

 핵심포인트

I didn't know (that) S+V 걸 몰랐어
I didn't know what[how] to+V …하는 줄 몰랐어

과거의 일어난 일을 몰랐다고 말할 때 사용하는 표현. I didn't know S+V 형태로 'S+V'에 자기가 몰랐던 내용을 말하면 된다. 단순히 몰랐을 때나 혹은 좀 의외의 사실로 놀랐을 때 사용하면 된다. S+V 대신 '의문사+to+동사'를 써서 I didn't know what[how] to+동사 형태로도 쓸 수 있다. I didn't know what to say는 "뭐라 말해야 할지 몰랐어," I didn't know what else to do는 "다른 뭐를 해야 할 줄 몰랐어"라는 뜻이 된다.

이럴땐 이렇게 말해야!

1 너희 둘이 데이트하는지 몰랐어.
   I didn't know you two were dating.

2 그게 큰 비밀인 줄 몰랐어.
   I didn't know it was a big secret.

3 네가 그걸 알고 있는 줄 몰랐어.
   I didn't know that you knew that.

4 도움을 필요로 하는 줄 몰랐어.
   I didn't know you needed help.

5 그게 무엇인지 몰랐어.
   I didn't know what it was.

Real-life Conversation

A: My grandmother died suddenly last month.
B: I didn't know that. I'm so sorry for your loss.
A: 할머니가 지난달에 갑자기 돌아가셨어요. B: 몰랐네요. 얼마나 상심이 크세요.

A: Would you please turn the TV off?
B: I'm sorry. I didn't know it was bothering you.
A: 텔레비전 좀 꺼줄래? B: 미안. 방해되는 줄 몰랐어.

Did you know he quit his job?

걔가 직장을 그만둔거 알고 있었어?

 핵심포인트

Did you know S+V? 알고 있었어?, …을 알았어?
How did you know S+V? 어떻게 …을 알고 있었어?

상대방에게 새로운 소식을 전하거나 정보를 알려줄 때 혹은 상대방이 어떤 사실을 알고 있는지 여부를 물어볼 때 꺼내는 표현으로 'S+V'의 내용을 알고 있냐고 물어보는 표현형식. 앞에 How를 붙여 How did you know S+V?의 형태도 많이 쓰인다. 특히 "그걸 어떻게 알았어?"라는 How did you know (that)?라는 문장은 꼭 암기해두도록 한다.

이럴땐 이렇게 말해야!

1 걔가 직장을 그만둔거 알고 있었어?
   Did you know he quit his job?

2 그게 망가졌는지 알고 있었어?
   Did you know it was broken?

3 비키가 지난달에 결혼한거 알고 있어?
   Did you know that Vicky got married last month?

4 그게 나인지 어떻게 알았어?
   How did you know it was me?

5 내가 여기 있다는 것을 어떻게 알았어?
   How did you know I was here?

Real-life Conversation

A: Did you know Sheila got married?
B: No! When did that happen?
A: 쉴라가 결혼한 것을 알고 있었어? B: 아니! 언제 했는데?

A: How did you know?
B: Mike told me, he saw you two kissing.
A: 어떻게 알고 있는거야? B: 마이크가 그러는데, 너희 둘이 키스하는 것을 봤대.

I didn't say you were stupid
네가 멍청하다고 말하지 않았어

 핵심포인트

I didn't say (that) S+V …라고 안했어

나는 그런 말을 한적이 없다고 억울함을 호소하는 구문. 오해를 풀기 위한 문장으로 I didn't say S+V의 형태로 쓰면 된다. 그냥 간단히 I didn't say anything(아무 말도 안했어) 혹은 I didn't say that(그렇게 말 안했어)라고 말하기도 한다.

> **이럴땐 이렇게 말해야!**

1 걔네들이 결혼했다고 말하지 않았어.
   I didn't say **they were married.**

2 네가 멍청하다고 말하지 않았어.
   I didn't say **you were stupid.**

3 내가 할 수 없을거라고 말하지 않았어.
   I didn't say **I couldn't do it.**

4 재미있다고 안했어. 이상하다고 말했어.
   I didn't say **it was funny. I said it was weird.**

5 내가 그걸 할거라고 말하지 않았어.
   I didn't say **I was going to do it.**

> **Real-life Conversation**

A: I thought you were moving to LA.
B: I didn't say I was going to move there.
A: 네가 로스엔젤레스로 이사하는 줄 알았어. B: 거기로 이사한다는 말 하지 않았어.

A: I borrowed your car today.
B: I didn't say you could use it!
A: 오늘 네 차 좀 빌렸어. B: 차 써도 된다는 말 안했는데!

That's why we're here
바로 그래서 우리가 여기에 온거야

 핵심포인트

That's why S+V [결과] 바로 그래서 …해
That's because S+V [원인] 그건 …때문이야

That's why~와 That's because~는 서로 구분하기 피곤한 표현. 모든 행동에는 원인과 결과가 있게 마련. 이때 결과를 말할 때는 That's why~를, 반대로 원인을 말하려면 That's because~를 이용하면 된다. 예를 들어 음주운전을 해서[원인] 면허증을 빼앗겼다[결과]의 경우에서 That's why~ 다음에 결과인 면허증 빼앗긴 사실을 써서 "That's why he's lost his driver's license"라고 하면 되고 반대로 That's because~ 다음에는 원인인 음주운전을 했다는 사실을 써서 That's because he drove drunk"이라고 하면 된다.

이럴땐 이렇게 말해야!

1 널 싫어해서 내가 떠나는거야.
 I hate you and that's why **I'm leaving.**

2 바로 그래서 너하고 얘기하고 싶었어.
 That's why **I wanted to talk to you.**

3 바로 그래서 넌 걱정할 필요가 없어.
 That's why **you don't have to worry.**

4 답이 없기 때문이야.
 That's because **there is no answer.**

5 모든 사람은 다 이기적이어서 그래.
 That's because **all people are selfish.**

Real-life **Conversation**

A: **That business is really cut-throat.**
B: That's why **I decided to quit.**
A: 그 사업은 정말 치열해. B: 그래서 내가 그만 두려고 하는거야.

A: **They certainly speak well of him there.**
B: That's because **he did a great job for them.**
A: 거기선 걔에 대해 좋게 이야기하는게 분명해. B: 걔가 거기에서 일을 아주 잘했기 때문이야.

That's not what I mean
내가 의미하는 건 그게 아냐

 핵심포인트

That's what S+V 그게 바로 …야
That's not what S+V 그게 바로 …하지 않는거야

That's what~은 "바로 그게 내가 …하는거야"라는 의미. 뭔가 강조할 때 쓰는 구문으로 더 강조하려면 That's exactly what~이라고 하면 되고 부정으로 하려면 That's not what S+V라 하면 된다. "그게 바로 내가 원하는거야"라고 하려면 That's exactly what I want, 그리고 "내 말이 바로 그 말였어"는 That's what I said, 반대로 "내 말은 그런게 아니었어" 는 That's not what I said라고 하면 된다.

이럴땐 이렇게 말해야!

1 내 말이 그 말야.
   That's what I'm saying.

2 바로 그게 내가 말할려고 한거야.
   That's what I was going to say.

3 누가 아니래!
   That's what I thought!

4 그런 뜻이 아니었어.
   That's not what I meant.

5 그건 네가 생각하는게 아냐.
   That's not what you think.

Real-life Conversation

A: We have to change our bed first.
B: That's what I'm saying.
A: 먼저 우리 침대를 바꾸어야 해. B: 내 말이 그 말이야.

A: I saw you today kissing in the hall.
B: That's not what you think.
A: 오늘 복도에서 너네 키스하는거 봤어. B: 그건 그런게 아니야.

236

This is just what I wanted
이건 내가 바로 원했던거야

✎ 핵심포인트

This is (just) what S+V 이게 바로 …하는거야
This is not what S+V 이게 바로 …하지 않는거야

앞의 구문과 같은 형태로 That~이 This~로 바뀐 것만 빼고는 같은 유형이다. "이게 바로 내가 …하는거야"라는 의미. 많이 쓰이는 구문이기에 따로 연습해본다. 부정은 This is not what~ 으로 하면 된다.

이럴땐 이렇게 말해야!

1 이게 바로 내가 하고 싶은거야.
   This is what **I want to do.**

2 이게 바로 내가 말하는거야.
   This is what **I'm talking about.**

3 이게 바로 네가 찾던거야.
   This is what **you're looking for.**

4 이게 바로 네가 해야 하는거야.
   This is what **you have to do.**

5 이건 내가 주문한게 아닌데요.
   This is not what **I ordered.**

Real-life Conversation

A: I really like attending concerts.
B: This is what we should do next Saturday.
A: 정말 콘서트에 가는 걸 좋아해. B: 이게 바로 우리가 다음 토요일에 해야 되는거야.

A: This is what Steven was working on.
B: It seems pretty complex.
A: 이게 바로 스티븐이 하고 있던 작업이야. B: 참 복잡해 보인다.

Is that what she said?

그게 바로 걔가 말한거야?

✎ **핵심포인트**

Is that what S+V? 그게 바로 …야?

That's what~의 의문문 형태로 상대방의 행동이나 말, 혹은 생각 등을 다시 한번 확인하는 문장이다. that 대신에 this를 써서 Is this what~?이라고 해도 된다. 대표적인 문장으로는 Is that what you want?(그게 네가 바라는거냐?), Is that what you're thinking?(그게 네가 생각하는거야?) 등이 있다.

이럴땐 이렇게 말해야!

1 그게 바로 걔가 말한거야?
   Is that what she said?

2 그게 네가 생각하는거야?
   Is that what you're thinking?

3 그게 바로 네가 듣고 싶어하는거야?
   Is that what you want to hear?

4 이게 네가 찾고 있던거니?
   Is this what you were looking for?

5 네가 말하던게 바로 이거야?
   Is this what you were talking about?

Real-life Conversation

A: Is this what you told me about?
B: Yes, I want you to read that article.
A: 이게 바로 네가 얘기했던거야? B: 어, 너 그 기사를 읽어봐.

A: Is that what you want me to do?
B: Yes, I think that's what you should do.
A: 내가 해줬으면 하는게 그거야? B: 응, 내 생각엔 네가 그렇게 해야 한다고 봐.

This is where we first met
여기가 우리가 처음 만난 곳이야

 핵심포인트

This[That] is where S+V 이게 바로 …하는 곳이야
This[That] is when[who] S+V 이게 바로 …하는 때[사람]야

That's what~과 This is what~을 배웠지만 This[That] is~ 다음에 what만 오는 것은 아니다. 장소를 언급하거나 시간 등을 언급할 때는 This[That] is where[when, who] S+V처럼 의문사를 바꾸어가면서 다양하게 말을 해볼 수 있다. 의문사 who의 경우 그리 자주 쓰이지는 않지만 That's[This is] who S+V하면 "저게[저 사람이] 바로 …야," "이게[이 사람이] 바로 …야"라는 뜻의 패턴이 된다.

이럴땐 이렇게 말해야!

1 여기가 네가 일하는 곳이야?
This is where **you work?**

2 여기가 우리가 처음 만난 곳이야.
This is where **we first met.**

3 조지가 루시를 만난 건 바로 여기야.
This is where **George met Lucy.**

4 그때 다리가 부러진거야.
That's when **I broke my leg.**

5 그때가 바로 디저트가 나오는 때야.
That is when **dessert is served.**

Real-life Conversation

A: This is where **I eat lunch every day.**
B: You must like the food here.
A: 여기가 내가 매일 점심을 먹는 곳이야. B: 여기 음식을 좋아하나 보구나.

A: Dad, what causes car accidents?
B: That is when **someone drives badly.**
A: 아빠, 자동차 사고는 왜 일어나요? B: 운전을 제대로 하지 않을 때 일어나지.

This is how **it works**
바로 이렇게 돌아가는거야

✎ 핵심포인트

This[That] is how S+V 바로 이렇게 …하는거야
This[That] is not how S+V 바로 이렇게 …하는게 아냐

how는 what, why와 더불어 많이 애용되는 의문사중의 하나. 이번에는 이 how를 활용하여 That 혹은 This를 주어로 해서 빈출패턴을 만들어보자. "바로 이렇게 …하는거야"는 That[This] is how S+V를, 부정으로 "바로 이렇게 …하는게 아냐"는 That[This] is not how S+V라고 하면 된다. 대표적인 문장으로는 "저렇게 하는거야"라는 That is how it's done, "그렇게 해서 그게 일어난게 아냐"라는 That's not how it happened가 있다.

 이럴땐 이렇게 말해야!

1 크리스, 바로 그렇게 시작하는거야.
  Chris, that's how it starts.

2 이게 바로 내가 일을 처리하는 방식이야.
  This is how I deal with things.

3 저렇게는 안돼.
  That's not how it[this] works.

4 여기서는 그렇게 하는게 아니야.
  That's not how we do things here.

5 그렇게 해서 우리가 여기에 여행온 것은 아냐.
  That is not how we traveled here.

Real-life Conversation

A: I just ran a virus scan on your computer.
B: That is how it's done. I was wondering about that.
A: 방금 네 컴퓨터 바이러스 스캔돌렸어. B: 저렇게 하는거구나. 궁금했었어.

A: That is how a car's engine works.
B: You lost me. I don't understand mechanical things.
A: 이렇게 해서 자동차 엔진이 작동하는거야. B: 못 알아들었어. 기계적인 것들은 이해가 안돼.

I wish I could, but I can't do it
그러고 싶지만 그렇게 할 수가 없어

 핵심포인트

I wish I could, but S+V 그러고 싶지만 …

상대방의 제안에 정중하게 거절하는 표현으로 "그러고는 싶지만 난~ "이라는 의미로 but 뒤에는 거절할 수밖에 없는 사정을 말하면 된다. 비슷한 표현으로는 I'd love to, but~ 혹은 I'd like to, but ~ 등이 있다. 상대방이 도와달라고 할 때 거절하는 I wish I could help you, but I can't(도와주고 싶지만 그럴 수가 없어)도 함께 알아둔다.

이럴땐 이렇게 말해야!

1 그러고 싶지만 안돼. 산책할 계획이야.
 I wish I could, but **I've made plans to walk around.**

2 그러고 싶지만 안돼. 많이 바빠서.
 I wish I could, but **I can't. I'm quite[very] busy.**

3 그러고 싶지만 안돼. 좀 피곤해서.
 I'd love to, but **I'm a little tired.**

4 그러고 싶지만 정말 늦었어.
 I'd love to, but **it's really getting late.**

5 그러고 싶지만 난 지금 바로 가야 돼.
 I'd like to, but **I have to go right now.**

Real-life Conversation

A: Do you want to go to a movie?
B: I'd like to, but I'm on call today.
A: 영화보러 갈거니? B: 그러고 싶은데, 난 오늘 대기해야 돼.

A: Are you coming to my party?
B: I wish I could come, but I'm busy on Friday
A: 내 파티에 올래? B: 가고 싶지만, 금요일날 바빠.

I'm sorry, but I can't talk to you
미안하지만 너하고 얘기할 수 없어

✎ **핵심포인트**

I'm sorry, but I can't+V 미안하지만 …할 수가 없어

상대방의 요청을 정중히 거절할 때 혹은 상대방에게 뭔가 금지할 때 등 상대방에게 미안한 이야기를 할 때 먼저 꺼내는 표현이다. 전반적으로 미안한 행동이나 부정적인 말을 할 때 I'm sorry, but~이라고 시작하면 된다. 거리에서 native가 갑자기 영어로 말을 걸 때 자신이 없을 경우에는 물끄러미 관상보듯 쳐다만 보지 말고 I'm sorry, but I can't speak English very well 혹은 "I'm sorry, but my English isn't very good"이라고 말해본다.

이럴땐 이렇게 말해야!

1 미안하지만 난 그렇게 생각안해.
   I'm sorry, but I **don't think so.**

2 미안하지만 너희들 믿지 않아.
   I'm sorry, but I **don't trust you guys.**

3 미안하지만 대답은 노야.
   I'm sorry, but **the answer is no.**

4 미안하지만 너랑 얘기할 수 없어.
   I'm sorry, but I can't **talk to you.**

5 미안하지만 사실이야.
   I'm sorry, but **it's true.**

Real-life Conversation

A: You broke my heart. I'll get even with you!
B: I'm sorry, but I fell in love with another man.
A: 넌 내 맘을 찢어 놓았어. 갚아주고 말테다! B: 미안, 하지만 다른 남자를 사랑해.

A: I'm sorry, but I don't know what to say.
B: Maybe you should apologize to me.
A: 미안하지만 뭐라 해야 할지 모르겠어. B: 내게 사과해야지.

Pattern **056** …할 수 있어

There's a chance **he can get better?**
걔가 나아질 가능성이 있어?

✎ 핵심포인트

There's a chance[possibility] S+V …할 가능성이 있어, …할 수 있어

"…할 가능성이나 기회가 있다"고 말하는 방법으로 There's chance[possibility] S+V의 구문을 애용한다. "…할 가능성이 크다"라고 할 때는 There's good chance S+V라고 하면 된다. 그냥 간단히 There's a chance(가능성이 있어), It's a possibility(그럴 수도 있지)라는 표현도 많이 쓰인다.

이럴땐 이렇게 말해야!

1 걔가 올 가능성이 커.
   There's a good chance **he will come.**

2 네가 상처를 입을 수도 있어!
   There is a chance **you will get hurt!**

3 걔가 나아질 가능성이 있어?
   There's a chance **he can get better?**

4 실패할 가능성이 커.
   There's a good chance **you will fail.**

5 이번 겨울에 내가 여기 안 있을 수도 있어.
   There's a possibility **I'm not going to be here this winter.**

Real-life Conversation

A: Why do you like to gamble?
B: There's a chance I will win a lot of money.
A: 왜 도박을 좋아해? B: 내가 많은 돈을 딸 가능성이 있어.

A: There's a good chance that it will rain today.
B: I think I'd better take an umbrella.
A: 오늘 비가 올 가능성이 높아. B: 우산을 가져가야 될 것 같아.

You'll be sorry if **you're late again**
또 늦으면 넌 후회하게 될거야

✎ 핵심포인트

You'll be sorry about+~ing ···한거 후회할거야
You'll be sorry if S+V ···하면 후회하게 될거야

상대방에게 경고나 주의를 줄 때 사용하는 표현. You'll be sorry about~ 혹은 You'll be sorry if S+V의 형태로 쓰이며 about이나 if~ 이하에 하면 안 되는 행동을 말하면 된다. 여기서 sorry는 미안하다는 뜻이 아니라 후회하게 될 것을 뜻한다. 단독으로 You'll be sorry later(나중에 후회할거야)로 쓰이기도 한다.

이럴땐 이렇게 말해야!

1 네가 저지른 나쁜 짓으로 후회하게 될거야.
   You'll be sorry about the bad things you've done.

2 그 소문을 퍼트린 걸 후회하게 될거야.
   You'll be sorry about spreading that gossip.

3 대학에 가지 않으면 후회하게 될거야.
   You'll be sorry if you don't go to university.

4 부모님 말씀 안들으면 후회하게 될거야.
   You'll be sorry if you don't obey your parents.

5 나랑 휴가가지 않으면 후회하게 될거야.
   You'll be sorry if you don't come on vacation with me.

Real-life Conversation

A: I'm not saving any money right now.
B: You'll be sorry if you need money in the future.
A: 지금 현재 전혀 저축을 하고 있지 않아. B: 앞으로 돈이 필요할 때 후회할거야.

A: You'll be sorry if you don't prepare for the test.
B: Are you saying that I should study?
A: 시험준비를 하지 않으면 후회하게 될거야. B: 내가 공부해야 된다고 말하는거야?

The point is that **you're paying too much**

핵심은 네가 돈을 너무 많이 내고 있다는거야

 핵심포인트

The point is (that) S+V 중요한 점은 …이라는거야

뭔가 요점이나 핵심을 상대방에게 말하고자 할 때 사용하는 표현으로 The point is that S+V의 형태를 사용하면 된다. 그냥 간단히 That's the point하면 "요점은 그거야," "중요한 건 그거야," That's not the point하면 "중요한 건 그게 아냐"라는 의미이다. 또한 What's the[your] point?하게 되면 요점이 뭐야?, 하고 싶은 말이 뭐야?라는 의미의 문장이다.

이럴땐 이렇게 말해야!

1 요지는 샘은 걔하고 함께 있길 바래.
   The point is **Sam wants to be with her.**

2 요점은 지금 당장은 그게 필요하지 않다는거야.
   The point is **I don't need this right now.**

3 요는 네가 제인과 결혼했다는거지.
   The point is that **you're married to Jane.**

4 요는 내가 널 안 믿는다는거야.
   The thing is **I don't really believe it.**

5 그게 중요한게 아니잖아. 중요한 건 내가 불안하다는거야.
   That's not the point. The point is that **I don't feel safe.**

Real-life Conversation

A: Could you please get to the point?
B: The point is that we are bankrupt.
A: 요지를 말씀해주시겠어요? B: 요점은 우리가 파산했다는 겁니다.

A: The point is that we need to fix this garage.
B: I know, but we don't have enough money.
A: 중요한 건 이 차고를 수리해야 한다는거야. B: 알아, 하지만 돈이 충분하지 않아.

What I'm trying to say is **he's rich**
내가 하려는 말은 걔가 부자라는거야

✎ 핵심포인트

What I'm trying to say is (that) S+V 내가 말하려는 건 …이야
What I'd like to say is S+V 내가 말하고 싶은 건 …이야
What I'm saying is S+V 내 말은 …이야

내가 말하고자 하는 내용을 강조하거나 혹은 한 마디로 정리할 때 유용한 구문으로 What I'm trying to say is that S+V의 형태로 사용된다. S+V자리에 내가 말하고자 하는 핵심을 넣으면 된다. 또한 What I'd like to say is~ 혹은 What I'm saying is~ 라 해도 된다. 여기서 파생한 표현들로는 That's what I'm trying to say(내가 말하려는게 바로 그거야), That's what I'm saying(내 말이 바로 그거야), You know what I'm saying?(내 말이 무슨 말인지 알겠어?), 그리고 What are you trying to say?(무슨 말을 하려는거야?) 등이 있다.

이럴땐 이렇게 말해야!

1 내가 하려는 말은 걔가 부자라는거야.
What I'm trying to say is that he's rich.

2 내가 하려는 말은 이게 정말 지겹다는거야.
What I'm trying to say is I've had enough of this.

3 내가 하려는 말은 넌 정말 대단한 친구라는거야.
What I'm trying to say to you is that you're a really great guy.

4 내 말은 난 전문가는 아니란 말이야.
What I'm saying is I'm not an expert.

5 내 말은 케이트가 널 좋아한다는거야.
What I'm saying is Kate likes you.

Real-life Conversation

A: What I'm saying is Chris likes you.
B: You can't be serious. I saw him kissing Vicky the other day.
A: 내 말은 크리스가 널 좋아한다는거야. B: 농담마. 요전날 걔가 비키와 키스하는 것 봤어.

A: We have to work overtime to finish that project.
B: That's what I'm saying.
A: 그 프로젝트를 끝내려면 야근해야 돼. B: 내 말이 바로 그거야.

246

All I need is a little time
내가 필요로 하는 건 조금의 시간뿐이야

 핵심포인트

All I need is+N 내가 필요한 건 …뿐이야
All I need to+V+is+V 내가 필요로 하는 것은 …하는 것뿐이야('is' 담에 'to' 없음)

내가 필요로 하는 것을 강조하는 것으로 All I need+명사 혹은 필요로 하는 것이 행동일 때는 All I need to+동사~ 의 형태를 쓰면 된다. 한편 All I'm saying is S+V는 "단지 내 말은 …라는거야"라는 의미. 굳어진 관용표현으로는 That's all I need(내가 필요한 건 그게 다야), That's all I need to know(내가 알고 싶은 건 그게 다야), 그리고 That's all I need to hear(내가 듣고 싶은 건 그게 다야)이다.

이럴땐 이렇게 말해야!

1 내게 필요한 건 얘기할 사람이야.
All I need is someone to talk with.

2 내가 필요로 하는 건 조금의 시간뿐이야.
All I need is a little time.

3 내가 해야 되는 건 이 일을 끝내는 것뿐이야.
All I need to do is get this job done.

4 내가 해야 되는 건 열심히 일하는거야.
All I need to do is work hard.

5 내가 알고 싶은 건 네가 날 사랑하냐는 것뿐이야.
All I need to know is that you love me.

Real-life Conversation

A: All I need is a beautiful girlfriend.
B: I don't think that you can find one.
A: 내게 필요한 건 예쁜 여친뿐이야. B: 찾기 힘들걸.

A: I heard your dad will send you money if you need it.
B: It's true. All I need to do is call my father.
A: 네 아빠가 필요하면 돈 보내주신다며. B: 맞아. 아빠에게 전화만 하면 돼.

I have no idea what you just said
네가 무슨 말을 했는지 모르겠어

✎ 핵심포인트

I have no idea 의문사+to+V …하는 걸 몰라
I have no idea 의문사[that]+S+V …을 몰라

여기서 idea를 '아이디어'로 생각하면 안된다. have no idea는 숙어로 don't know와 같은 뜻으로 I have no idea what[who] S+V 혹은 간단히 I have no idea what[who] to+동사~ 하면 "무엇(누가)이 …인지 모른다"라는 표현이 된다. 단독으로 I have no idea하면 "몰라"라는 뜻으로 No의 대용어로 사용된다. 비슷한 표현으로 잘 모르겠을 때는 I'm not sure, "내가 알기로는 잘 모르겠어"는 Not that I know of, "아직 모른다"고 할 때는 Not yet 등이 있다.

 이럴땐 이렇게 말해야!

1 네가 무슨 말을 하는 건지 모르겠어.
   I have no idea what you're talking about.

2 이게 어떻게 작동하는지 모르겠어.
   I have no idea how this works.

3 네가 무슨 말을 했는지 모르겠어.
   I have no idea what you just said.

4 무슨 말을 해야 할지 모르겠어.
   I have no idea what to say.

5 널 어떻게 도와야 할지 모르겠어.
   I have no idea how to help you.

Real-life **Conversation**

A: Do you know what I mean?
B: Actually, I have no idea what you are talking about.
A: 내가 말하는 것이 무언지 알겠어? B: 실은 무슨 말인지 모르겠어.

A: When did Jane say that she would be coming home?
B: I have no idea.
A: 제인은 언제 집에 오겠다고 했어? B: 전혀 모르겠어.

Do you have any idea what **this means?**
이게 무슨 의미인지 뭐 좀 아는 것 있어?

✎ 핵심포인트

Do you have any idea 의문사 S+V? …을 알아?
You have no idea 의문사 S+V 넌 …을 몰라(=You don't know 의문사 S+V)

상대방이 뭔가 알고 있는지 모르는지 궁금해서 물어보거나 혹은 "알기나 하냐," "넌 몰라"라는 뉘앙스를 풍기면서 던질 수 있는 표현. Do you have any idea+의문사(what, who…) S+V?의 형태로 쓰면 된다. 단순히 알고 있는지 여부를 묻는 경우가 아닌 너 모르지 않냐라는 의미로 쓰이는 경우에는 의미상 결국 You have no idea+의문사 S+V와 일맥상통하는 표현이다.

이럴땐 이렇게 말해야!

1 이게 무슨 의미인지 알아?
   Do you have any idea what this means?

2 어젯밤에 데이빗에게 무슨 일이 있었는지 알아?
   Do you have any idea what happened to David last night?

3 그게 얼마나 아픈지 알기나 해?
   Do you have any idea how much that hurts?

4 이게 내게 얼마나 중요한 건지 넌 몰라!
   You have no idea what this means to me!

5 이게 나한테 얼마나 필요한지 넌 몰라.
   You have no idea how much I need this.

(Real-life **Conversation**)

A: Do you have any idea what our class schedule will be?
B: I think we'll have math class this morning.
A: 우리 수업일정이 어떻게 되는지 알아? B: 오늘 아침에 수학수업이 있을거야.

A: She is so cute! You have no idea.
B: No idea? Who do you think brought her here?
A: 걔 정말 귀여워! 넌 잘 모를거야. B: 모른다고? 누가 걜 여기로 데려왔는데?

I'd rather do it myself
차라리 내가 하는게 낫겠어

 핵심포인트

I'd rather+V 차라리 …하겠어
I'd rather A than B B하기 보다는 A하겠어

두 개중 선택할 때 쓰는 표현으로 "…하는게 낫지," "차라리 …할래"라는 뜻이다. I'd(would) rather~ 다음에 바로 동사원형을 붙이면 되고 반대로 "차라리 …하지 않을래"라고 하려면 I'd rather not+동사를 쓰면 된다. 또한 비교대상을 넣어 I'd rather A than B(B하기보다는 차라리 A하겠어)라고 쓰기도 하며 I'd rather 주어+didn't의 형태로 "…하지 않는게 좋겠어"라는 의미로도 쓰인다. 단독으로 I'd rather not하면 "그러지 않는게 낫겠어"라는 뜻.

이럴땐 이렇게 말해야!

1 네게 이야기하는게 낫겠어.
 I'd rather **talk to you.**

2 이게 끝날 때까지 계속 일하겠어.
 I'd rather **continue working until this is finished.**

3 말 안하는게 낫겠어.
 I'd rather not **say.**

4 돌아가느니 죽는게 낫겠어.
 I'd rather **die** than **go back.**

5 내가 혼자 하는게 나은거야.
 This is something I'd rather **do alone.**

Real-life Conversation

A: I'd rather not **tell you everything.**
B: Stop saying that. You have to be honest with me.
A: 네가 다 말하지 않는게 낫겠어. B: 그런 말마. 너 내게 솔직히 말해.

A: Hey, can I ask you something?
B: I'd rather **you didn't.**
A: 저기, 뭐 좀 물어봐도 돼? B: 안 그러는게 낫겠어

I'm going as fast as I can
최대한 서둘러 가고 있어

✎ **핵심포인트**

as+형용사[부사]+as N[S+V] ···만큼 ···해

비교해서 말해보는 법을 알아본다. 먼저 "···만큼 ···하다"라는 표현법인 as+형용사[부사]+as 명사[S+V]란 형태를 살펴본다. 동사가 be일 경우에는 형용사를 비교하고 일반동사인 경우에는 부사를 비교하게 되는 것이며 두번째 as~ 다음에는 비교대상으로 (대)명사나 혹은 S+V의 절이 오기도 한다. 특히 명사가 올 경우 문법적으로는 주격인 I, he, she가 맞지만 구어에서는 목적격인 me, him, her가 쓰인다는 점을 알아두고 또한 관용적으로 쓰이는 as soon as possible(ASAP)로 대표되는 as+형[부]+as possible, as+형[부]+as one can도 놓치면 안된다.

이럴땐 이렇게 말해야!

1 최대한 서두르고 있다고.
   I'm going as fast as I can.

2 가능한 한 빨리 도착하도록 할게.
   I'll try and get there as soon as possible.

3 뉴스에 나오는 것처럼 그렇게 위험하지 않은 것 같아.
   I don't think it is as dangerous as it seems on the news.

4 빨리 그걸 해서 가능한 한 빨리 끝내자.
   Let's do it quickly and finish as soon as possible.

5 다른 사람처럼 빨리 걸으려고 최선을 다하고 있어.
   I'm doing my best to walk as fast as the others.

Real-life Conversation

A: Come on, or we're going to be late.
B: I'm coming as quickly as I can.
A: 서둘러, 안그러면 우린 늦는다구. B: 최대한 빨리 나갈게.

A: Is it important to fix this computer?
B: It can't wait. Fix it as quickly as you can.
A: 이 컴퓨터를 고치는게 중요해? B: 급해. 가능한 한 빨리 고치도록 해.

I hate this as much as you
너만큼이나 나 이거 싫어해

 핵심포인트

as many[much] as …만큼 많은
as good[well] as …만큼 …한

수나 양을 비교하는 as many[much] as나 정도를 비교하는 as good[well] as는 모두
as~as 비교구문으로 "…만큼이나(마찬가지로) …하다"라는 뜻. 써먹기는 좀 쉽지 않지만 잘
눈에 익혔다가 기회있으면 한번 사용해본다. 주의할 점은 as good as의 경우는 as good
as+명사[형용사, pp]형태로 'almost'로, 또한 as well as의 경우도 "…와 마찬가지로"라는
기본의미 외에도 'in addition to'(…뿐만 아니라 …도)라는 뜻으로도 쓰인다는 점이다.

> **이럴땐 이렇게 말해야!**

1 네가 원하는만큼 먹어.
   You can have as many as **you want.**

2 너만큼이나 이거 싫어해.
   I hate this as much as **you.**

3 2천달러 정도 낼 의향이 있어.
   I'm willing to pay as much as **2,000 dollars for it.**

4 보이는 것처럼 맛있지 않아.
   This doesn't taste as good as **it looks.**

5 인터뷰는 내가 바랬던 것만큼 잘되지 않았어.
   My interview didn't go as well as **I had hoped.**

> **Real-life Conversation**

A: Do you like to buy LG products?
B: Sure, they are as good as **any other products.**
A: LG 제품사는거 좋아해? B: 물론, 다른 제품들만큼이나 좋아.

A: I can't believe they're going to fire him.
B: I'm as shocked as **you are.**
A: 그 사람을 해고시킬거라니 정말 놀라워. B: 나도 너만큼이나 충격받았어.

He's better than you think

걔는 네가 생각하는거 이상이야

 핵심포인트

형용사er[more 형용사]+ than~ ···보다 더 ···
be better than ···보다 더 낫다

"···보다 더 낫다"라는 의미의 문장은 형용사er+than~ 혹은 more+형용사+than~의 형 태로 써주면 된다. 물론 비교대상은 than~ 다음에 써주면 되는데 역시 명사, 대명사 및 절 이 올 수도 있다. 특히 회화에서는 (be) better than ~이 많이 쓰이는데 예를 들어 She is better than me(그녀는 나보다 낫다)나 She's doing it better than me(그녀는 나보 다 그걸 더 잘해)로도 쓰인다는 것이다. 비교급 관용표현으로는 know better than to+동 사(···할 정도로 어리석지 않다), ~than I expected(내 예상보다 더···) 등을 암기해둔다.

> **이럴땐 이렇게 말해야!**

1 걔가 나보다 더 잘해.
   She's doing it better than me.

2 내가 너보다 낫지 않아.
   I don't think I'm better than you.

3 네가 쟤보다 10배나 예뻐.
   You're ten times prettier than she is.

4 걔는 네가 생각하는거 이상야.
   He's better than you think.

5 네가 생각하는거보다 훨씬 쉬워.
   It's much easier than you think.

Real-life Conversation

A: What beverage do you prefer?
B: I like tea better than coffee.
A: 어떤 음료를 좋아해? B: 커피보다는 차가 좋아.

A: Your lifestyle seems to be healthier than mine.
B: What makes you think that?
A: 넌 나보다 생활방식이 더 건전한 것 같아. B: 뭐때문에 그렇게 생각하는데?

You're the most wonderful girl
너무 가장 멋진 여자애야

✎ 핵심포인트

~the most+형용사+N (in~, of~) …중에서 가장 …한
~the most+형용사+N I've ever seen[met] 내가 본 것 중에서 가장 …한

비교도 강조의 한 방법이지만 뭐니뭐니해도 강조의 지존(?)은 최상급. 그리고 최상급에서 가장 많이 쓰이는 건 most이다. 스스로 many, much 등의 최상급이자 2음절 이상인 형용사와 부사의 최상급에도 활용되기 때문이다. 그리고 최상급 문장에서는 in the world, of the year처럼 제한된 시간, 장소어구가 나오거나 I've ever seen(met) 등과 같은 현재완료 어구가 나와 최고의 뜻을 받쳐주게 된다. 한편 최상급은 부정+비교급으로도 만들 수 있는데 Couldn't be better!(아주 좋아!), Couldn't care less!(알게 뭐람!) 등이 그 예이다.

이럴땐 이렇게 말해야!

1 그게 가장 중요한거야.
   That's the most important thing.

2 이 가게에서 제일 비싼 옷이었어.
   This was the most expensive suit in the store.

3 믿기지 않는 일이 벌어졌어.
   The most unbelievable thing has happened.

4 우리 인생에서 가장 의미있는 날이야.
   This is the most special day of our lives.

5 저건 내가 본 가장 아름다운 노을 중의 하나야.
   That's one of the most beautiful sunsets I've ever seen.

Real-life Conversation

A: You're the dumbest woman I ever met.
B: You can't talk to me like that!
A: 너같이 명청한 여자는 처음야. B: 내게 그런 식으로 말하지마!

A: Tell me the truth. Is she hotter than me?
B: No way. You're the hottest girl that I've ever seen.
A: 사실대로 말해. 걔가 나보다 더 섹시해? B: 전혀. 너처럼 섹시한 여자는 못봤어.

I prefer to be alone
난 혼자 있는걸 더 좋아해

 핵심포인트

I prefer A (to B) (B보다) A를 더 좋아해
I prefer 동사A (rather than 동사B) (B보다) A하기를 더 좋아해

내가 뭔가 더 좋아한다고 말할 때 필요한 동사가 바로 prefer이다. 이 용법은 prefer A[명사, ~ing] (to B[명사, ~ing]) 형태로 A를 (B보다) 더 좋아하다, 혹은 prefer to+동사 (rather than+동사) 형태로 (···하기 보다) ···하는 것을 더 좋아하다라는 의미로 쓰인다. 응용하여 I'd prefer to~하면 "난 ···을 더 좋아할거야," 그리고 Which do you prefer, A or B?하면 "A가 좋아 B가 좋아?"라는 의미이다.

이럴땐 이렇게 말해야!

1 생맥주가 더 좋아.
   I prefer draft beer.

2 실외운동보다는 실내운동을 좋아해.
   I prefer indoor sports to outdoor sports.

3 출장중엔 스위트룸에 숙박하는 걸 더 좋아해.
   I prefer to stay in a suite during business travel.

4 많은 사람들이 고급차를 선호해서 많이 팔려.
   Many people prefer luxurious cars, and a lot of them are being sold.

5 집에서 쓸데없이 시간보내는 것보다 밖에서 먹고 싶어.
   I prefer eating out in a restaurant to sitting around at home.

Real-life Conversation

A: Dan is the best athlete I have ever seen.
B: He prefers exercising rather than staying at home.
A: 댄은 내가 본 최고의 선수야. B: 걔는 집에 있는 것보다 운동하는 걸 더 좋아해.

A: Would you like a glass of wine before dinner?
B: No, thank you. I'd prefer a beer if you have one.
A: 저녁식사전에 와인 한잔 들래요? B: 아뇨, 됐어요. 맥주 있으면 한잔할게요.

Don't let it bother you
그 때문에 신경쓰지마

 핵심포인트

Don't let+N+V …가 …하지 못하게 해

Don't let+목적어+동사의 형태로 상대방에게 경고나 주의 혹은 경우에 따라서는 충고를 해주는 표현이다. 우리말식으로 생각하면 좀 어려운 표현. Don't let me~ 면 "날 …시키지마," Don't let it[him]~이면 "…가 …하지 못하도록 해"라고 생각하면 된다. 이 유형으로 가장 유명한 회화문장은 Don't let it happen again(다신 그러지마), Don't let him bother you(걔한테 괴롭힘당하지마)이다.

이럴땐 이렇게 말해야!

1 그 때문에 신경쓰지마.
   Don't let it bother you.

2 걔 술 더 못 마시게 해!
   Don't let her drink anymore!

3 걔한테 속지마.
   Don't let him fool you.

4 저 때문에 있을 필요는 없어요.
   Don't let me keep you.

5 (싸움) 지면 안 돼.
   Don't let the bastards wear you down.

Real-life Conversation

A: Emma really drank a lot of beer tonight.
B: I know. Don't let her drive her car home.
A: 엠마가 오늘밤에 정말 술 많이 마셨어. B: 알아. 집에 차가지고 못가게 해.

A: My sister was saying that I'm ugly.
B: She's just teasing. Don't let it bother you.
A: 누나가 내가 못생겼다고 그래. B: 그냥 놀리는거야. 너무 신경쓰지마.

I'm done with it

난 끝냈어, 난 그만할테야

✎ 핵심포인트

I'm done ~ing[with+N] …를 끝냈어
I've finished+N[~ing] …을 끝내다

'…끝내다,' '마치다'하면 떠오르는 그리고 실제 많이 사용되는 단어는 finish이지만 be done with 또한 많이 사용된다. 특히 be done with의 의미는 finish처럼 포괄적이어서 be done with 다음에 음식이 나오면 "다 먹었냐?" 그리고 사람이 나오면 "…와 헤어지다"라는 의미도 된다는 점을 눈여겨두어야 한다. 특히 finish 다음에 동사가 올 때는 ~ing가 와야 한다는 점을 기억해둔다.

이럴땐 이렇게 말해야!

1 난 결혼생활 끝냈어.
   I'm done with this marriage.

2 걔가 그걸 마쳤는지 모르겠어.
   I'm not sure if he's done with it yet.

3 내가 선택을 마쳤어. 이것들이 최종적인거야.
   I'm done with my choices. These are final.

4 저기, 집청소 다했어.
   Well, we finished cleaning the house.

5 시작한 프로젝트 끝냈어?
   Have you finished the project you started?

Real-life Conversation

A: I can't understand these directions. I'm done with this!
B: You can't just give up. Try a little harder.
A: 이 지시사항을 이해 못하겠어. 그만할테야! B: 그냥 포기하면 안돼. 좀 더 열심히 해봐.

A: What time do you think you will show up?
B: I'll come after I finish working.
A: 몇시에 올 수 있을 것 같아? B: 일 마치고 갈게.

I don't care what you think

네가 무슨 생각하든 난 상관없어

 핵심포인트

I don't care 의문사 S+V ···가 상관없어(=It doesn't matter 의문사 S+V)
You don't care 의문사 S+V 넌 ···을 상관안하잖아

It doesn't matter to me에서 학습한 I don't care about~을 응용한 표현. I don't care 의문사 S+V의 형태로 "···해도 난 상관없어," "개의치 않아"라는 뜻이다. It doesn't matter 의문사 S+V라 해도 유사한 구문이 된다. 참고로 I couldn't care less는 "알게 뭐람"이라 표현. 앞서 배운 부정+비교=최상급 표현의 한 예이다.

> 이럴땐 이렇게 말해야!

1 네 생각 관심없어.
   I don't care what you think.

2 걔가 누구랑 자는지 관심없어.
   I don't care who he sleeps with.

3 내 생각은 신경도 안 쓰잖아, 나 갈게!
   You don't care what I think, so I'm out of here!

4 네가 뭐라고 하든 상관없어.
   It doesn't matter what you say.

5 다른 사람이 어떻게 생각하든 상관없어.
   It doesn't matter what other people think.

(**Real-life Conversation**)

A: We may not arrive on time.
B: I don't care if we are a little late for the party.
A: 우리 늦을지도 몰라. B: 파티에 조금 늦는다고 해도 상관없어.

A: I don't care if people recycle things.
B: It matters to me. We should try to conserve things.
A: 사람들이 재활용하는데 관심없어. B: 내겐 중요해. 환경을 보존하도록 해야 돼.

It's hard to believe that **she's gone**
걔가 가버렸다는게 믿겨지지 않아

 핵심포인트

It's hard to believe (that) S+V ···가 믿기지 않아
I find it hard to believe S+V ···가 믿기지 않아

앞서 배운 It's hard to+동사의 응용표현. 동사자리에 believe나 imagine을 넣고 다음에 S+V를 넣어 전혀 믿겨지지 않은 일을 접했을 때 놀라면서 사용할 수 있는 표현이다. It's hard to believe[imagine]~는 I find it hard to believe that S+V라고 할 수도 있다. 암기할 만한 표현들로는 Is that so hard to believe?(그게 그렇게 믿겨지지 않아?), Hard to believe, isn't it?(믿기 어렵지, 그렇지 않아?), 그리고 I find that hard to believe(그게 믿겨지지 않아) 등이 있다.

이럴땐 이렇게 말해야!

1 걔가 가버렸다는게 믿겨지지 않아.
It's hard to believe he's gone.

2 그런 일이 우리에게 일어났다니 믿기지 않아.
It's just hard to believe that happened to us.

3 그게 6년전 일이라는게 믿기지 않아.
It's hard to believe that was six years ago.

4 내가 복권에 당첨되다니 믿기지 않아.
I found it hard to believe that I won the lottery.

5 네 핸드폰이 그렇게 비싼거라니 믿기지 않아.
I find it hard to believe your cell phone was so expensive.

Real-life Conversation

A: It's hard to believe **Jason left.**
B: I wish that he was still here.
A: 제이슨이 떠났다는게 믿기지 않아. B: 걔가 여기 있었으면 좋을텐데

A: I find it hard to believe **she had plastic surgery.**
B: But she looks much better now.
A: 걔가 성형수술을 받았다는게 믿기지 않아. B: 하지만 걘 이제 더 나아 보여.

I can't believe **you did that**
네가 그랬다니 말도 안돼

✎ **핵심포인트**

I can't believe (that) S+V ···라는게 믿기지 않아

I can't[don't] believe (that) S+V는 "···을 믿을 수가 없다"라는 의미로 절의 내용을 부정하는 것이 아니라 절의 내용에 놀라며 하는 말이다. 일상회화에서는 I don't believe~보다는 I can't believe~을 더 많이 쓰는데 can't을 쓰면 말하는 사람의 놀람과 충격이 훨씬 잘 전달되기 때문이다. 회화에서 자주 쓰이는 I can't believe this!(말도 안돼!, 정말야!), I don't believe it!(믿을 수 없어!, 그럴리가!), I don't believe this!(이건 말도 안돼!, 뭔가 이상한데!), 그리고 I don't believe you!(뻥치지마!)는 암기해둔다.

 이럴땐 이렇게 말해야!

1 이게 사실이라는게 믿기지 않아.
   I can't believe **it's real.**

2 네가 그랬다니 말도 안돼.
   I can't believe **you did that.**

3 걔가 날 해고하다니! 내가 뭘 잘못한거지?
   I can't believe **she fired me! Where did I go wrong?**

4 걔가 날 그렇게 취급했다니 믿어지지가 않아.
   I can't believe that **she treated me that way.**

5 이런 일이 또 생기다니 믿을 수가 없어!
   I just can't believe **this is happening again.**

Real-life Conversation

A: I can't believe **they didn't give us a raise.**
B: I guess we'll all be on strike tomorrow.
A: 봉급을 안 올려주다니 기가 막혀. B: 내일 우리 모두 파업에 들어가야 할 것 같아.

A: I can't believe **it's finally Friday!**
B: I know what you mean. It's been a long week.
A: 드디어 기다리던 금요일이 왔구나! B: 왜 그러는지 알겠어. 기나긴 한 주였지.

Can you believe I finally did it?
내가 마침내 그걸 했다는게 믿겨져?

 핵심포인트

Can you believe (that) S+V …라는게 믿겨져?

역시 놀라운 사실이나 말도 안 되는 것을 알았을 때 그 놀라움을 표현하는 방법. Can you believe S+V?의 형태로 "…라는게 믿겨지니?"라고 물으면 된다. 간단히 Can you believe this[it]?(믿겨져?)라고 놀람을 표현해도 된다.

이럴땐 이렇게 말해야!

1 벌써 이렇게 됐어?
   Can you believe this is already happening?

2 걔네들이 아직 여기 오지 않은게 믿겨져?
   Can you believe they're still not here?

3 내가 마침내 그걸 했다는게 믿겨져?
   Can you believe I finally did it?

4 이게 얼마나 비싼 건지 아니?
   Can you believe how much this is going to cost?

5 걔가 그걸 모르고 있었다는게 믿겨져?
   Can you believe she didn't know it?

Real-life Conversation

A: It's snowing, and it's only September.
B: Can you believe this is already happening?
A: 눈이 오네, 9월인데. B: 벌써 눈이 올 때가 되었나?

A: Can you believe she got pregnant?
B: You can't be serious. She's not married yet.
A: 걔가 임신했다는게 믿겨져? B: 말도 안돼. 걔 아직 미혼이잖아.

There's something you should know

네가 알아야 되는게 좀 있어

 핵심포인트

~명사+ who[that, which]+(S)+V …한 …가

명사 뒤에서 마치 형용사처럼 수식하는 관계대명사의 속성상 문장은 길어질 수밖에 없다. 짧은 대화가 마구 오고 가는 구어체 회화에서 자연 사용빈도수는 상대적으로 떨어지지만 그래도 회화에서 쓰이는 몇가지 유형들은 알아두어야 한다. 위 예문도 There's something~ 다음에 something에 대한 추가적인 정보를 주기 위해 관계대명사 that(생략가능) you should know가 쓰인 경우이다.

이럴땐 이렇게 말해야!

1 네게 말해야 될게 있어.
Here's something I need to tell you.

2 어제 죽은 소녀에 대해 들어봤어?
Did you hear about the girl who died yesterday**?**

3 함께 클럽할 사람을 좀 찾아달라는거야?
You want me to find some people who can join the club**?**

4 널 진정으로 사랑하는 여자가 있잖아.
You have a woman who really loves you.

5 네가 원했던 숫자들이야.
Here are the numbers you wanted.

Real-life Conversation

A: I don't see anything I want in this store.
B: Have you been to the fifth floor?
A: 이 가게엔 제가 원하는건 없네요. B: 5층에는 가보셨나요?

A: Here are the papers you asked for.
B: Oh, thanks. That was quick!
A: 부탁했던 서류 여기 있어요. B: 아, 고마워요. 빠르네요!

Is there anything I can help you with?
내가 뭐 도와줄 일 있어?

✎ 핵심포인트

Is there something+adj[S+V]? ···한게 있어?
Is there anything+adj[S+V]? 혹 ···한게 있어?

There is~의 의문형으로 특히 Is there~ 다음에 anything[anyone] 및 something [someone]이 나오는 경우이다. anything[anyone]이나 something[someone] 다음에는 형용사가 오기도(Is there something wrong?) 하며 혹은 앞서 배운 관계대명사가 붙어 뒤에 S+V의 형태가 오기도 한다. 그밖에 Is there any chance S+V?(···할 가능성이 있나요?)라는 구문도 함께 외워둔다.

> 이럴땐 이렇게 말해야!

1 내가 뭐 도와줄 일 있어?
   Is there anything I can help you with?

2 (그거) 뭐 잘못된거 있어?
   Is there something wrong (with that)?

3 네가 필요로 하는게 있어?
   Is there something you need?

4 뭐 도와줄 것 없어?
   Is there anything I can do for you[to help]?

5 너 기분좋아지게 하는데 내가 뭐 할 일 없겠어?
   Is there anything I can do to make you feel better?

(**Real-life Conversation**)

A: Is there anything I can do? Anything?
B: Yeah, just leave me alone for a while.
A: 내가 뭐 도와줄 것 있어? 뭐 있어? B: 어, 잠시동안 날 좀 내버려 둬.

A: Is there something we can help with?
B: No, just sit back and relax.
A: 우리가 뭐 도와줄게 있어? B: 아니, 그냥 앉아서 쉬고 있어.

I wonder what's going on
무슨 일인지 궁금해

✎ **핵심포인트**

I wonder 의문사 S+V ···일까
I was wondering if S+V ···해도 될까

I guess는 확실하지는 않아도 대강 그럴 것 같다는 추측이지만 I wonder[was wondering] S+V는 정말 몰라서 궁금한 내용을 말할 때 쓰는 표현이다. I wonder what[how, where, if~] S+V의 형태로 쓰면 된다. 특히 I wonder[was wondering] if S+could[would]~ 의 경우에는 궁금하다라기 보다는 상대방에게 공손하게 부탁하는 문장으로도 쓰인다는 점에 주의해야 한다. 참고로 No wonder S+V는 "···할 만도 해," I wonder는 "글쎄"라는 뜻의 표현이다.

이럴땐 이렇게 말해야!

1 네가 그걸 정말 좋아할지 모르겠어.
   I wonder if **you really like it.**

2 걔가 돈이 뭐 때문에 필요한지 모르겠어.
   I wonder what **he needed the money for.**

3 왜 네가 여기 있는지 생각해봤어.
   I was just wondering why **you're here.**

4 혹 뭐 좀 물어봐도 될까요?
   I was wondering if **I could ask you something.**

5 네가 그걸 비밀로 해주면 고맙겠어.
   I'd appreciate it if **you kept it secret.**

Real-life Conversation

A: I wonder **where she is.**
B: Well, she's probably talking to Richard.
A: 그녀가 어디 있는거지. B: 저기, 리차드하고 이야기하고 있을거야.

A: I was wondering if **I could take tomorrow off.**
B: Well, I guess it would be okay to miss one day of work.
A: 내일 쉬어도 돼요? B: 어, 하루 결근해도 될 것 같아.

264

I'm just here to say I'm sorry
미안하다고 말하려고 왔어

핵심포인트

I am[came] here to+V ···하러 왔어
I'm calling to+V ···하러 전화하는거야

친구 집에 초인종을 누를 때, 전화를 걸어 용건을 말할 때 혹은 이메일을 쓰면서 왜 이메일을 쓰는지 이유를 말할 때가 있다. ···하러 왔는데요, 전화건 용건은 다름아닌···, 이렇게 이메일을 쓰는 건 다름 아니라··· 등등 말이다. 이럴 때 쓸 수 있는 표현들이 I'm here to+동사, I'm calling to+동사, 그리고 I'm writing to+동사 등이다. 반대로 "···하러 여기 온게 아니야"라고 하려면 I didn't come here to+동사라고 하면 된다.

이럴땐 이렇게 말해야!

1 미안하다고 말하려고 왔어.
I'm just here to say I am sorry.

2 크리스보러 왔어?
You're here to see Chris?

3 시끄럽다고 항의하러 왔는데요.
I'm here to complain about the noise.

4 네게 뭔가 얘기하려고 여기 왔어.
I came here to tell you something.

5 로라선생님 예약하려고 전화했는데요.
I'm calling to make an appointment with Dr. Laura.

Real-life Conversation

A: I came here to see Mr. James.
B: He's not in right now, but he should be back any time now.
A: 제임스 씨를 만나러 왔습니다. B: 지금 안계시지만 곧 돌아오실거예요.

A: I came here to see if you were finished.
B: No, I still have a lot of work to do.
A: 네 일이 끝났는지 보러 왔어. B: 아니, 아직 할 일이 아주 많아.

I'm not supposed to **be here**
난 여기 있으면 안돼

 핵심포인트

be [not] allowed to+V ···해도 된다[하면 안 된다]
be supposed to+V ···하기로 되어 있다

be supposed[asked, allowed, expected, advised] to+동사 구문. 특히 be allowed to+동사하면 "···하는 것이 허락된다"이고 반대로 be not allowed to+동사하면 "···하면 안된 다"라는 뜻이다. 또한 be supposed to~는 "···하기로 되어있다," be asked to~는 "···하라고 요청받다," be advised to~는 "···하라고 권유받다," 그리고 be expected to~는 "···하리라 예상되다"라는 의미로 각각 자주 쓰인다.

이럴땐 이렇게 말해야!

1 난 커피마시면 안돼.
   I'm not allowed to **have coffee.**

2 난 여기 있으면 안돼.
   I'm not supposed to **be here.**

3 내가 어떻게 해야 되지?
   What am I supposed to do?

4 늘상 우리에게 야근을 시켜.
   We are always being asked to **work late.**

5 짐이 오늘 오후에 돌아오는거야?
   Is Jim supposed to **be coming back this afternoon?**

Real-life Conversation

A: How about a drink?
B: I'm not allowed to drink.
A: 술한잔 할까? B: 나 술마시면 안돼.

A: When is he scheduled to arrive at the airport?
B: He's supposed to arrive tomorrow after lunch.
A: 그 사람이 공항에 언제 도착할 예정이니? B: 내일 점심 후에 도착하는걸로 되어 있어.

We'll be all right if we work together

우리가 함께 일한다면 문제 없을거야

핵심포인트

주어+현재[미래]동사, if 주어+현재동사[should+V] ···하면 ···할게
If 주어+현재동사, (then) 명령문 ···하면 ···해라

보통 가정법이라고 하면 3가지가 종류를 말한다. 첫째는 현재나 미래의 조건이나 불확실한 일을 말하는 것 두번째로는 현재와 반대되는 가정을 그리고 세번째는 과거에 반대되는 일을 말하는 것이다. 여기서 설명하는 첫번째의 경우는 실상 가정법이라기 보다는 현재나 미래를 단순히 조건하는 문장으로 보면 된다. 형태는 if 주어+현재동사(혹은 should)~, 주어+현재[미래동사]~의 형태로 쓰면 된다. 또한 회화에서 자주 쓰이는 조건문인 If 주어+현재동사, (then) 명령문(···하면 ···해라)도 함께 알아두자.

이럴땐 이렇게 말해야!

1 괜찮다면 내일 사무실에 들를게.
   If it's okay with you, I'll come to your office tomorrow.

2 마크가 가능하면 통화하고 싶은데요.
   I'd like to speak with Mark, if he is available.

3 현찰로 지불하시면 할인받습니다.
   You'll get a discount if you pay in cash.

4 우리가 함께 일한다면 문제 없을거야.
   We'll be all right if we work together.

5 혹 물어볼거 있으면 전화하고.
   If you have any questions, give me a call.

Real-life Conversation

A: If it's okay with you I'll take tomorrow off.
B: Let me check the schedule.
A: 괜찮으면 내일 쉬고 싶은데요. B: 일정 좀 보고.

A: You'll get a discount if you pay in cash.
B: I didn't bring any cash.
A: 현금으로 지불하시면 할인받으실 수 있습니다. B: 현금은 하나도 안 가져왔는 걸요.

If I were you, I would **not go**
내가 너라면 난 가지 않을텐데

✎ 핵심포인트

If S+과거동사, S+would[could]+V ···라면 ···할텐데
I wouldn't+V~, if I were you 내가 너라면 ···하지 않을거야
If you were~, would you~? 만일 네가 ···라면 ···하겠니?

현재와 반대되는 가정할 때는 If 주어+과거동사, 주어+would[could]+동사원형 형태를 쓰면 된다. "···라면 ···했을텐데"라는 의미. 위 예문처럼 If I were you(내가 너라면), If I were in your shoes(내가 너의 입장이라면) 등이 대표적인 표현. 유명한 구문으로는 I wouldn't+동사~ if I were you(내가 너라면 ···하지 않을거야), If you were ~, would you~?(만일 네가 ···라면 ···하겠니?) 등이 있다.

이럴땐 이렇게 말해야!

1 내가 너라면, 내일이나 걔에게 말할텐데.
   If I were you, I wouldn't let him know until tomorrow.

2 신디 전화번호가 있으면 전화할텐데.
   If I had Cindy's number, I would call her.

3 저녁식사를 함께 했으면 좋겠네요.
   I'd be pleased if you could join us for dinner.

4 우리가 휴가를 얻는다면 좋을텐데.
   It would be nice if we could take a vacation.

5 네가 걔처지라면 어떻게 하겠어?
   What would you do if you were in her situation?

Real-life Conversation

A: What would you say to an offer like that?
B: I would take it if I were you.
A: 그런 제안은 어떠니? B: 내가 너라면 받아들이겠어.

A: If I had his phone number, I would call him.
B: Why don't you try to get his number?
A: 걔 전화번호를 알면 전화할텐데. B: 전화번호를 알아내지 그래.

I'm going to go take a shower
난 가서 샤워할거야

 핵심포인트

go+V ···하러 가다, 가서 ···하다

구어체 문장에 익숙하지 않은 사람이면 갑자기 go 다음에 나오는 동사의 원형을 보고 고개를 갸우뚱할지도 모른다. go get, go have, go take, go see 등 웬지 모르게 낯설기 때문. 물론 go나 come 다음에 to+동사가 올 경우 이때 to는 생략될 수도 있다는 것을 배운 건 사실이지만 실제 이렇게 왕성하게 사용되고 있는 현실에 조금 당황할 수도 있다. go+동사는 ···하러 가다, come+동사일 때는 ···하러 오다라는 뜻이다.

이럴땐 이렇게 말해야!

1 와서 우리와 같이 영화볼래?
Do you want to come see a movie with us?

2 가서 한잔할래?
Do you want to go get a drink?

3 아들과 저녁먹으러 가야 돼.
I have to go have dinner with my son.

4 가서 재미있게 즐겨.
You go have fun.

5 무슨 일인지 가서 봐야겠어.
I should go see what's going on.

Real-life Conversation

A: Go take the mail to the post office.
B: Are these important letters?
A: 이 편지 우체국에 가지고 가라. B: 이거 중요한 편지들이야?

A: Go do some work on your school project.
B: I will. It's almost finished now.
A: 가서 학교 숙제 좀 해라. B: 그럴게요. 이제 거의 끝나가요.

Let me check **the schedule**
일정 좀 확인해볼게

 핵심포인트

Let me check[I'll check]+N ···을 확인해볼게
Let me see[I'll see] if S+V ···인지 확인해볼게

let me+동사의 구문을 활용한 것으로 단순한 대상을 확인할 때는 Let me check+명사 혹은 I'll check+명사를 그리고 ···인지 아닌지 사실여부를 확인할 때는 Let me see if~~ 혹은 I'll see if~의 형태를 사용한다. 좀 더 응용하여 I'm here[I came by] to see if ~(···인지 알아보려고 들렸어)라고 할 수도 있다.

> 이럴땐 이렇게 말해야!

1 내가 제대로 이해하는지 확인해볼게요.
   Let me just see if **I got this straight.**

2 약속을 다시 조정할 수 있는지 알아볼게.
   Let me see if **I can reschedule the appointment.**

3 내가 이해했는지 정리해볼게요.
   Let me see if **I understand this.**

4 걔가 돌아오고 싶어하는지 알아볼게.
   I'll see if **she wants to come back.**

5 나와 저녁먹을 수 있는지 확인하러 왔어.
   I came by to see if **you could go out to dinner with me.**

/ **Real-life Conversation** /

A: Is Paul ready to leave?
B: I'll check if he's finished working.
A: 폴은 떠날 준비가 다 됐어? B: 일을 끝냈는지 알아볼게.

A: I'm here to see Mr. Black.
B: I'll see if he's in.
A: 블랙 씨를 만나러 왔어요. B: 계신지 알아볼게요.

What do you say to **going for a drink?**
한잔 하러 가는게 어때?

 핵심포인트

What do you say to+ ~ing? ···하는게 어때?
What do you say S+V? ···하는게 어때?

상대방에게 뭔가 제안을 할 때 사용하는 것으로 What do you say~ 다음에 위 문장처럼
S+V로 혹은 to+명사[~ing] 형태로 제안내용을 말하면 된다. What do you say~까지는
[와루유세이]라고 기계적으로 빨리 굴려 말하면서 다음에 자기가 제안하는 내용을 말해보
는 연습을 많이 해본다. 간단히 상대방에게 말한 혹은 말한 제안에 대해 어떠냐고 물어보면서
What do you say?(어때?)라고 많이 한다.

이럴땐 이렇게 말해야!

1 6시 30분 내집에서 어때?
   What do you say, 6:30, my place?

2 한잔하러 가는거 어때요?
   What do you say to going for a drink?

3 오늘밤 저녁먹으러 갈래?
   What do you say I take you to dinner tonight?

4 만나서 술한잔 하면 어때?
   What do you say we get together for a drink?

5 내가 커피한잔 사면 어때?
   What do you say I buy you a cup of coffee?

Real-life Conversation

A: What do you say to going for a drink tonight?
B: Sounds like a good idea!
A: 오늘밤 한잔하러 가는거 어때? B: 그거 좋지!

A: What do you say we go take a walk?
B: Sorry, I need to get some rest.
A: 가서 산책가는게 어때? B: 미안, 좀 쉬어야겠어.

There's no way I can do that
내가 그걸 할 수 있는 방법이 없어

 핵심포인트

There's no way to+V …할 방법이 없어, …할 수가 없어
There's no way S+V …할 방법이 없어, …할 수가 없어

뭔가 도저히 가능성이 없거나 불가능하다고 말하는 표현법. There's no way S+V 혹은 There's no way to+동사의 형태로 "…할 방법이 없다," "…할 수 있는 길이 없다"라는 의미로 쓰인다. 관용표현으로는 "알 길이 없어"라는 의미의 There's no way to tell, 그리고 상대방의 말에 반대나 부정할 때 No way! 등이 있다. 유사한 표현으로 There's no telling what[how] S+V하면 "(…를) 알 수가 없어," "몰라"라는 뜻이다. 예로 There's no telling what you think하면 "네가 뭘 생각하는지 알 수가 없어"라는 뜻이 된다.

> 이럴땐 이렇게 말해야!

1 네가 그 일을 제시간에 끝낼 수가 없어.
There's no way **you can finish the job on time.**

2 난 이 음식들을 모두 먹을 길이 없어.
There's no way **I can eat all of this food.**

3 걔가 성공할리가 없어.
There's no way **she's going to make it.**

4 네가 날 설득해서 그걸 하게 할 수 없어.
There's no way **you're going to talk me into this.**

5 누가 남을지 결정할 방법이 없어.
There's no way to **decide who's going to stay.**

> **Real-life Conversation**

A: I need you to get this done by tomorrow.
B: What? There's no way I can do that.
A: 내일까지 이걸 끝내야 해. B: 뭐라구요? 그렇게 하는 건 불가능해요.

A: Will your parents be angry with your school grades?
B: There's no way to tell.
A: 부모님이 네 성적보시고 화내실까? B: 알 길이 없지.

SUPPLEMENTS

영어의 뼈대에 살을 붙여보자!

☐ **be[get] in trouble** 곤경에 처하다, 큰일나다

　　*get sb in trouble …을 곤경에 빠트리다

　　You're in trouble. 너 큰일났다.

　　You will get in trouble if you do that. 그렇게 하면 곤란해질거야.

　　I'm not here to get you in trouble. 널 곤란하게 하려고 여기 온게 아냐.

☐ **make a mistake** 실수하다

　　You're making a mistake. 너 실수하고 있는거야.

　　I made a mistake. 내가 실수했어.

☐ **pick up** (차로) 데리러 가다

　　I'll pick you up at eight. 8시에 데리러 갈게.

☐ **think about** …에 대해 생각하다

　　I will think about it. 생각해볼게.

　　Let's not think about it. 그건 생각하지 말자.

　　I'm not here to get you in trouble. 널 곤란하게 하려고 여기 온게 아냐.

☐ **feel free to+동사** 언제든지 …하다

　　Feel free to ask if you have any questions.
　　질문 있으면 언제든지 해.

☐ **come over** …로 들르다

　　Would you come over please. 좀 이리로 와볼래요?

　　Why don't you come over here and talk to me for a second?
　　이리와 나랑 잠시 얘기하자.

☐ **get back to** …로 돌아가다, 연락하다

　　I need to get back to the office. 사무실로 돌아가야 돼.

　　I'd better get back to work. 다시 일해야겠어.

　　I'm sorry I didn't get back to you sooner.
　　너에게 더 빨리 연락못해서 미안해.

☐ **get better** 나아지다

Be strong. Things will get better soon.
강해지라고. 곧 더 나아질 거야.

I will let you know if she's getting better.
걔가 좀 나아지면 알려줄게.

☐ **work on** …을 작업하다, …의 일을 하다

I'm working on the photograph. 사진 작업을 하고 있어.

☐ **get through** …을 해내다, 통과하다

I'll never get through this. 난 절대 이걸 못해낼 거야.

I don't think I can get through the night.
밤을 무사히 보낼 수 없을 것 같아.

☐ **help sb with sth** ~가 …하는 것을 도와주다

Can I help you with anything? 도와드릴까요?

Let me help you with your grocery bags.
식료품쇼핑백 들어줄게요.

☐ **work for** …를 위해 일하다, …에서 일하다

I'm working for him. 걔 밑에서 일해.

☐ **give up** 포기하다

Some days I just feel like giving up.
어떤 때는 그냥 내가 포기하고 싶을 때가 있어.

☐ **make sure** …을 확실히 하다

I'll make sure that I keep in touch. 내가 꼭 연락하도록 할게.

☐ **get off one's back** …을 귀찮게 하지 않다

Get off my back. 나 좀 내버려둬.

☐ **as soon as possible** 가능한 한 빨리(= as soon as you can)

I'd like you to finish the project as soon as possible.
가능한 한 빨리 이 프로젝트를 끝내 줘.

I'll try to get there as soon as possible.
가능한 한 빨리 도착하도록 할게.

☐ **be aware of** …을 알고 있다
I'm aware of **John's poor grades.** 존의 성적이 안 좋다는거 알고 있어.
I'm aware of **the problems you're talking about.**
네가 말하는 문제점들 알고 있어.

☐ **figure out** 이해하다
I can't figure it out **either.** 나 역시 생각해낼 수가 없어.

☐ **stop by** …에 들르다(drop by)
I'll stop by **you on my way home.** 집에 가는 길에 너한테 들를게.
Do I have to wait here until he drops by?
걔가 들를 때까지 여기서 기다려야 돼?

☐ **as always** 늘 그렇듯
You're not helping me as always. 늘 그렇듯 넌 도움이 안돼.

☐ **take a lesson[course]** 강의를 듣다
I'm thinking of taking a computer course.
컴퓨터 강좌를 들을 생각이야.

☐ **make up one's mind** 결정하다(= decide)
I haven't made up my mind. 아직 결정을 못했어.

☐ **show up** 나타나다(appear), 오다
How come he didn't show up last night? 걔는 왜 어젯밤 안 왔대?

☐ **can't wait to+동사** 몹시 …하고 싶어하다(= be eager to, be dying to)

278

I can't wait to see the new play. 새로 시작하는 연극을 빨리 보고 싶어.

I'm dying to go traveling again. 다시 여행가고 싶어서 견딜 수가 없어.

☐ **work out** 운동하다

I lost some weight because I go to a gym to work out.

체육관가서 운동해서 살 좀 빠졌어.

☐ **look forward to+명사[~ing]** …을 학수고대하다

I look forward to receiving it. 그거 받을 날만 기다리고 있어.

I'm looking forward to getting to know you.

널 빨리 알게 되기를 기대하고 있어.

☐ **prepare for** …을 준비하다

You'll be sorry if you don't prepare for the test.

시험준비를 하지 않으면 후회하게 될거야.

☐ **be willing to+동사** 기꺼이 …하다

I'm willing to pay as much as 2,000 dollars for it.

그거에 2천달러 정도 낼 의향이 있어.

☐ **be done with** …을 끝내다

I can't understand these directions. I'm done with this!

이 지시사항을 이해 못하겠어. 그만할테야!

☐ **hold on** 잠시 기다리다

I can fix it. Hold on. 내가 고칠 수 있어. 기다려.

☐ **look for** …을 찾다

Are you looking for anything in particular?

특별히 찾으시는 것이라도 있으세요?

Excuse me, I am looking for a wedding present.

저기, 결혼선물을 살까 하는데요.

□ **be[get] ready to+동사[for+명사]** …할 준비가 되다

Are you ready for breakfast? 아침먹을 준비됐어?

Are you ready for the test? 시험 준비됐니?

Are you ready to order? 지금 주문하시겠어요?

□ **get married** 결혼하다

We're going to get married this fall. 이번 가을에 결혼할거야.

□ **get together** 만나다

Maybe we could get together later? 혹 나중에 만날 수 있을까요?

Shall we get together on Thursday after five?
목요일 5시 이후에 만날래요?

Let's get together sometime. 조만간 한번 보자.

□ **after work** 퇴근 후에   *****after school** 방과 후에

How about a drink after work? 퇴근 후 술한잔 어때?

□ **be worried about~** …을 걱정하다

I'm worried about you. 네가 걱정돼.

□ **be[get] lost** 길을 잃다

If you get lost, just give me a call. 혹시 길을 잃어버리면 전화 줘.

I think I'm lost. 길을 잃어서요.

□ **get used to** …에 적응하다

You'd better get used to it. 그거에 적응하도록 해라.

You'll get used to it. 곧 익숙해질거야.

□ **get sb sth** …에게 …을 갖다[사다] 주다

Can I get you something? 뭐 필요한게 있으신가요?

Would you get me a Diet Coke? 다이어트 콜라 좀 갖다줄래?

280

☐ **ask sb sth** ⋯에게 ⋯을 묻다, 부탁하다

Can I ask you something? 뭐 좀 물어봐도 돼?

Can I ask you a question? 질문 하나 해도 돼?

Can I ask you a favor? 부탁하나 해도 될까요?

☐ **be good at~** ⋯을 잘하다, 능숙하다

She's really good at **singing.** 쟤는 진짜 노래를 잘해.

I'm not good at **this.** 난 이거에 능숙하지 못해.

☐ **be far from~** ⋯에서 멀다

Is it far from **here?** 여기서 멀어요?

☐ **be hard on sb** ⋯에 엄히 대하다, 힘들게 하다

Don't be so hard on **yourself.** 너무 자책하지마.

☐ **be sure of[about]** ⋯을 확신하다

Are you sure about **that?** 그거 확실해?

☐ **take ~off** ⋯을 쉬다   *take[have] a day off 하루쉬다

I'm going to take some time off. 좀 쉴거야.

I thought you had the day off. 너 오늘 쉬는 줄 알았는데.

☐ **break up with sb** ⋯와 헤어지다

I'm sorry but I have to break up with **you.**

미안하지만 너랑 헤어져야겠어.

I broke up with **Roger.** 로저와 헤어졌어.

☐ **have an appointment** 선약이 있다

*have an appointment to+동사 ⋯예약이 되어 있다

I have an appointment. 선약이 있어.

I have an appointment to **see Dr. Robert Pillman.**

로버트 필만 의사선생님과 예약되어 있어.

☐ **look[seem, sound, feel]+형용사** …같아
You look great. 너 멋져 보인다.
You look stressed out. 스트레스에 지쳐 있는 것 같아.
She seemed really very fun. 걘 정말 재미있는 애 같았어.
You sound strange 네 목소리가 이상하게 들려.

☐ **look like[seem like, sound like, feel like]+명사** …같아
That sounds like a good idea. 좋은 생각이야.
I feel like an idiot. 내가 바보가 된 것 같아.

☐ **keep[remain]+형용사** …한 상태로 있다
I don't like to keep busy. 계속해서 바쁜 건 싫어.
He still remains very popular. 그 남자는 여전히 유명해.

☐ **at work** 근무 중에, 직장에서
What happened at work? 직장에서 무슨 일 있었어?
Have a nice day at work! 직장에서 즐겁게 보내!

☐ **be on a diet** 다이어트하다
I'm on a diet now. 다이어트하는 중이야.

☐ **have+명사** …가 있다 ***have+음식명** …을 먹다
I have a date tomorrow night. 내일밤 데이트있어.
I have a problem. 문제가 있어.
I have a question for you. 질문이 하나 있는데요.
I had lunch with her. 걔랑 점심먹었어.

☐ **be proud of** …가 자랑스럽다
Way to go! I'm so proud of you. 잘했다! 네가 정말 자랑스러워.

☐ **have to+동사** …해야 한다
I've got so much to do, and I have to go now.

해야 할 일이 너무 많아서 지금 가야 돼.

I have to **cancel tomorrow's meeting.** 내일 회의를 취소해야겠어.

☐ **be[get] mad at~** …에 화나다(= be[get] angry with~)
I'm mad at[get angry with] **you.** 너한테 화가 나.
He's upset about **me.** 걘 내게 화났어.

☐ **be[feel] sorry about~** …에 미안해하다
I'm sorry about **that.** 그거 미안해.
I feel sorry **(for you).** (네게) 미안해.

☐ **be happy with[about]~** …에 만족하다
I'm not happy with **my job.** 내 일에 만족을 못하겠어.

☐ **take a break** 쉬다
Shall we take a break **now?** 지금 잠시 좀 쉴까?

☐ **keep (on) ~ing** 계속해서 …하다
Let's keep going. 계속하자.

☐ **have no time to+동사** …할 시간이 없다
I have no time to **go there.** 거기 갈 시간이 없어.

☐ **get+명사** …사다, …을 얻다
I got it **on sale.** 세일 때 샀어.
I got **a promotion.** 승진했어.
I got **a new job.** 새로 취직했어.

☐ **get+형용사** …하게 되다
I got lucky. 난 운이 좋았어.
They get excited **when they see famous people.**
유명인들을 보면 사람들은 흥분해.

☐ **give sb a call** …에게 전화하다
Give me a call at 37945450 as soon as you can.
37945450으로 가능한 한 빨리 전화줘요.

☐ **care about~** …에 신경쓰다　　***care for** …을 좋아하다
I don't care about my work. 내 일은 신경 안 써.
Would you care for dessert? 디저트를 드시겠어요?

☐ **get+장소[장소부사]** …에 도착하다, …에 가다
I can't get there by one o'clock. 한 시까지 거기에 못 가.

☐ **talk to[with] sb about sth** ~에게[와] …에 대해 이야기하다
Jimmy, can I talk to you for a sec? 지미, 잠깐 이야기해도 될까?
I'm not sure. Let's talk about it. 모르겠는데. 얘기해보자.

☐ **be able to+동사** …할 수 있다
She will be able to do better next time.
걘 다음 번에 더 잘 할 수 있을거야.
Will you be able to attend? 참석할 수 있어?
Are you sure you'll be able to do it? 너 정말 그거 할 수 있어?

☐ **get in touch with** …와 연락하다
***keep in touch (with)** (…와) 연락하며 지내다
How can I get in touch with him?
걔에게 연락할 수 있는 방법이 있을까요?
Would you keep in touch with me? 나하고 연락하고 지낼래요?

☐ **give sb a hand** …을 도와주다
Shall I give you a hand? 내가 도와줄까요?

☐ **call A B** A를 B라고 부르다
You can call me Sam. 샘이라고 불러.

What do you call that in English? 저걸 영어로는 뭐라고 하니?

☐ **catch up with** …을 따라잡다, …와 연락하다
I'll catch up with you later. 나중에 다시 보자.

☐ **lend A B** A에게 B를 빌려주다
*borrow A from B B에게서 A를 빌리다
Would you lend me some money? 돈 좀 빌려줄래요?
I need to borrow some money. 돈 좀 빌려야겠어.
Can I borrow your cell phone? 핸드폰 좀 빌려줄래?

☐ **go out for[to]~** …하러 나가다
Shall we go out for lunch? 점심먹으러 나갈까?
Would you like to go out to lunch with me?
나랑 점심 먹으러 나갈래?

☐ **say good-bye** 헤어지다
It's time to say good-bye. 이제 헤어질 시간야.
I have to say good-bye now. 지금 헤어져야겠어.

☐ **have dinner[lunch]** 저녁[점심]을 먹다
Do you have time to have dinner? 저녁 먹을 시간 있어요?
I have to go have dinner with my son. 아들과 저녁먹으러 가야 돼.

☐ **try sth on** …을 입어보다 ***try+음식명사** …맛보다
Why don't you try this on? 이거 한번 입어봐.

☐ **take one's time** 서두르지 않다
Take your time. 서두르지 말고.

☐ **give sb a chance** …에게 기회를 주다
Can you give me another chance? 기회한번 더 줄래요?

☐ **hold the line** 전화를 끊지 않고 기다리다

Could[Can] you hold the line? (전화) 잠깐 기다릴래요?

☐ **show sb around** …을 구경시켜주다

I will show you around the office. 사무실을 구경시켜줄게.

☐ **go on vacation** 휴가가다   *take a vacation 휴가가다

Shall we go on vacation together? 함께 휴가갈까?

It would be nice if we could take a vacation.

우리가 휴가를 얻는다면 좋을텐데.

☐ **cheer up** 기운내다

You'll have a good job interview. Cheer up.

넌 면접을 잘 볼거야. 기운내.

☐ **do[try] one's best** 최선을 다하다

Thanks. I'll do my best. 고마워. 최선을 다할게.

☐ **get to**+동사 …하게 되다

You will get to know that. 넌 그걸 알게 될거야.

☐ **make (a lot of) money** 돈을 (많이) 벌다

You'll make a lot of money. 돈을 많이 벌거야.

☐ **give sb a ride[lift]** …을 태워주다

Only if you pick me up and give me a lift. 네가 차로 태워다주면.

Do you want me to give you a ride to the airport?

내가 공항까지 태워다 줄까?

☐ **go out with sb** …와 데이트하다

Would you go out with me? 나랑 데이트할래요?

☐ **turn TV[Radio] on[off, down]** TV[라디오]…을 틀다[끄다, 소리를 줄이다]
Would you turn the TV down**?** TV소리 좀 줄여줄래요?

☐ **catch a cold** 감기걸리다
I think I'm catching a cold**.** 감기 걸린 것 같아.

☐ **pay for** …의 비용을 내다
Can I pay for **the parking when I leave?**
나갈 때 주차비를 내면 되나요?

☐ **leave for** …을 향해 출발하다 *** leave someplace** …을 떠나다
I'm going to leave for **Canada.** 캐나다로 떠날거야.

☐ **get some sleep** 잠 좀 자다
You should get some sleep**.** 너 잠 좀 자라.
I need to get some sleep**.** 나 잠 좀 자야겠어.

☐ **take sth back** …을 물리다, 취소하다
This is wrong. You have to take it back**.** 이건 아냐. 취소하라고.
I'd better take that back**.** 내가 그거 취소하는게 낫겠어.

☐ **watch TV** TV를 보다
I was watching TV**.** TV를 보고 있었어.
I like watching **good movies** on TV**.** TV에서 좋은 영화보는 걸 좋아해.

☐ **keep sth secret** 비밀로 하다
I'd appreciate it if you kept it secret**.**
네가 그걸 비밀로 해주면 고맙겠어.

☐ **make a noise** 시끄럽게 하다
You must not make a noise**.** 시끄럽게 해서는 안돼.

☐ **be[get] stuck in traffic** 차가 막히다
I was stuck in traffic. 차가 막혔어.

☐ **take a subway** 전철을 타다
You should take a subway. 전철을 타는게 나아.

☐ **try harder** 더 노력하다
You have to try harder. 더 열심히 해야 돼.

☐ **take care of** …을 돌보다, 처리하다
You have to take care of yourself. 너 스스로를 돌봐야 돼.
Let me take care of it. 내가 처리할게

☐ **take a look at** …을 보다
You have to take a look at it. 넌 그걸 한번 봐야 돼.

☐ **look on the bright side** 긍정적으로 보다
You have to look on the bright side. 긍정적으로 생각하라고.

☐ **be worth a try** …해볼 가치가 있다
It may be worth a try. 그래도 해봄직 할거야.

☐ **have a word with** …와 얘기하다
May I have a word with you? 얘기 좀 할 수 있을까요?

☐ **used to+동사** …하곤 했다(지금은 아니다)
We used to work together. 우린 함께 일했었죠.

☐ **when I was young** 내가 어렸을 때
*when I was in college** 대학 다닐 때
I would play the violin when I was young.
어렸을 때 간혹 바이올린을 켰어.

I used to exercise when I was in college.
대학다닐 때 운동을 하곤 했었어.

☐ **take a test** 시험을 보다
I don't need to take a test. 난 시험볼 필요가 없어.

☐ **believe in** ···의 존재를 믿다
Do you believe in **ghosts?** 유령이 있다고 생각해?

☐ **change one's mind** 마음을 바꾸다
I changed my mind. 마음 바꿨어.

☐ **hear about** ···에 관한 소식을 듣다
I heard about **your daughter.** 네 딸 얘기 들었어.
I heard about **your engagement the other night.**
며칠 전 밤에 네 약혼식 얘기 들었어.

☐ **go to~** ···로 가다   *go to college 대학교에 진학하다
She went to **the bathroom.** 걘 화장실에 갔어.
I went to **the gas station.** 난 주유소에 갔었어.
I went to **college.** 대학교에 진학했어.
I'm going to **bed.** 나 자러 간다.

☐ **see sb** ···와 사귀다
Sorry. I'm already seeing **a guy.** 미안. 벌써 다른 애 만나고 있어.

☐ **look around** 둘러보다
No, thank you, I'm just looking around.
고맙지만 괜찮아요, 그냥 구경만 하는거예요.

☐ **be[get] upset about[at]** ···에게 화나다
Look, don't get so upset at **me.** 이봐, 나한테 너무 화내지마.

- [ ] **chat on the internet** 인터넷에서 채팅하다
  She's chatting on the internet in her room.
  걘 자기방에서 인터넷 채팅하고 있어.

- [ ] **play computer games** 컴퓨터게임을 하다
  He's playing computer games. 걘 컴퓨터게임을 하고 있어.
  Are **you still playing computer games?** 아직도 컴퓨터게임하니?

- [ ] **have fun** 즐겁게 보내다
  We're going to have fun tonight! 우리 오늘밤에 재미있게 놀거다!

- [ ] **be about to+동사** 막 …하려 하다
  We're about to run out of gas. 기름이 바닥이 나려고 하는데.

- [ ] **cost A B** A에게 B의 비용이 들다
  It's going to cost me a lot. 내가 돈이 많이 들거야.

- [ ] **call it a day[quits]** 퇴근하다
  Let's call it a day. 퇴근하죠.

- [ ] **get down to business** 본론으로 들어가다, 일을 시작하다
  Let's get down to business. 자 일을 시작합시다.

- [ ] **get sth straight** …을 바로 하다, 분명히 하다
  Let me get this straight. 이건 분명히 해두자.

- [ ] **pass the exam** 시험에 통과하다
  *fail the exam 시험에 떨어지다
  I just found out that I didn't pass my exam.
  방금 내가 시험에 떨어졌다는 걸 알았어.
  I heard that you failed the entrance exam. 입학시험에 떨어졌다며.

☐ **say hello to** ⋯에게 안부전하다
Say hello to everyone in the office for me.
사무실 사람들에게 모두 안부전해줘.

☐ **help yourself to~** ⋯을 맘대로 갖다 먹다
Please help yourself to anything in the fridge.
냉장고에 있는거 맘대로 갖다 들어요.

☐ **hurry up** 서두르다
Hurry up! We'll be late. 빨리 좀 가! 이러다 늦겠다.

☐ **Don't forget to**+동사 꼭 ⋯해
Don't forget to drop me a line. 잊지 말고 꼭 연락해.

☐ **screw up** 실수하다, 망치다
But I screwed up big time. 하지만 내가 큰 실수를 했는걸요.

☐ **make it up to~** ⋯에게 보상하다
What can I do to make it up to you?
어떻게 하면 이 실수를 만회할 수 있을까요?

☐ **get away from~** ⋯에 가까이 가지 않다
Get away from me. (내 앞에서) 꺼져.

☐ **get one's hands off~** ⋯에서 손을 떼다
Get your hands off me. 날 귀찮게 하지마.

☐ **get off** ⋯에서 내리다   ***get on** ⋯을 타다
Get off at the third stop. 3번째 정거장에서 내리세요.
Get on the next bus. 다음 버스를 타세요.

☐ **take one's word** ⋯의 말을 믿다

Take my word for it, he's the best in the business.
내 말 진짜야. 그 사람 업계에서 최고야.

☐ **give sb a try** …에게 기회를 주다
Maybe I'll give him a try. 걔에게 기회나 한번 줘보지.

☐ **excuse A for B** A가 B한 걸 용서하다
Excuse me for being so selfish. 너무 이기적이어서 미안해.

☐ **be caught ~ing** …하다 걸리다
*get caught 걸리다, 잡히다
*get caught in traffic 교통이 막히다
The professor was caught taking money illegally.
교수가 불법으로 돈받다 걸렸어.

How much is the fine if you get caught? 잡히면 벌금이 얼마야?
I got caught in traffic. 차가 밀렸어.

☐ **take a nap** 낮잠자다
Do you want to take a nap before dinner? 저녁먹기 전에 낮잠 잘래?

☐ **propose a toast** 건배하다
I'd like to propose a toast. 건배하자.

☐ **get right on~** …을 착수하다, 시작하다
Alright, I'll get right on it. 그래, 바로 시작할게.

☐ **by tomorrow** 내일까지
I need you to finish this by tomorrow. 내일까지 이걸 끝내야 해.

☐ **leave a message** 메시지를 남기다
*take a message 메시지를 받아적다
Would you like to leave a message? 메모 남기시겠어요?

☐ **get a drink** 술한잔하다

    ***get a cup of coffee** 커피한잔 하다

    ***go (out) for a drink** 한잔하러 나가다

    Do you want to get a cup of coffee**?** 커피한잔 할래?

    How about going out for a drink **tonight?** 오늘밤 한잔하러 나갈래?

    Do you want to go get a drink**?** 가서 한잔할래?

    What do you say to going for a drink **tonight?**

    오늘밤 한잔하러 가는거 어때?

☐ **buy sb a drink** …에게 술 한잔 사주다

    Do you want to buy me a drink**?** 술 한잔 사줄래?

☐ **ask sb to+동사** …에게 …해달라고 요청하다

    I heard his wife is asking him to **divorce.**

    걔 아내가 이혼하자고 그런대.

☐ **on time** 제시간에

    I'm worried it's too late for us to be there on time**.**

    우리가 제 시간에 도착 못할 것 같아 걱정야.

☐ **available** 이용가능한, 시간이 되는

    Is Bill available**?** 빌 있나요?

☐ **make it** 해내다, 성공하다, 제 시간에 가다

    I'm sorry I can't make it**.** 미안하지만 난 못 갈 것 같아.

☐ **lose face** 체면을 잃다(<-> save face 체면을 세우다)

    He doesn't want to lose face**.** 그 친구는 자기 자존심 구겨지는 꼴 못봐.

☐ **have[get] cancer** 암에 걸리다

    I'm afraid you've got breast cancer**.** 유방암이신 것 같아요.

Is it possible that I have cancer? 내가 암일 수도 있나요?

☐ **handle** 처리하다, 다루다(deal with)
Let me handle it. 내가 처리하죠.

☐ **take place** 일어나다, 벌어지다(happen)
It will take place at 10 a.m. 오전 10시에 있습니다.

☐ **stay another day** 하루 더 머물다
***stay a little longer** 좀 더 머물다
***stay the night** 밤새(머물)다
***stay together** 함께 머물다 ***stay longer** 더 머물다
Are you sure it's okay if we stay another day?
하루 더 머물러도 정말 괜찮아?
Stay a little longer to hang out with me. 더 남아서 나랑 놀자.
What do you think about me staying the night?
내가 밤새 같이 있는거 어때?

☐ **be on the way** 가는 중이야
I'm on my way now. 지금 가고 있는 중이야.
I left my passport in the taxi on the way to the hotel.
호텔가는 길에 택시에 여권을 두고 내렸어!

☐ **at lunch** 점심 식사중
No one called while you were at lunch.
점심 식사하실 때 아무 전화도 없었어요.

☐ **get nervous** 떨리다
It's easy to get nervous on dates. 데이트날 떨리기 십상이지.

☐ **at the same time** 동시에
Is it possible to love two people at the same time?
동시에 2명을 사랑할 수가 있어?

- [ ] **take a shower** 샤워하다 ***take a bath** 목욕하다

  I feel like taking a shower. 샤워하고 싶어.

  I'm going to go take a bath. 가서 목욕 좀 할거야.

- [ ] **love at first sight** 첫눈에 반하다

  Is it still possible to believe in love at first sight?

  넌 아직도 첫 눈에 반한다는 걸 믿을 수 있어?

- [ ] **make a choice** 선택하다

  It's time for you to make a choice. 네가 선택할 시간야.

- [ ] **have plans** 계획이 있다

  ***make plans to~** …할 계획을 짜다

  I'm afraid we already have plans. 우린 이미 약속이 있어.

  I wish I could, but I've made plans to walk around.

  그러고 싶지만 안돼. 산책할 계획이야.

- [ ] **fire sb** …를 해고하다 *get fired 해고되다

  Why don't you fire her? 걔 해고해 버려.

  I heard you got fired a few weeks ago. 몇주전에 해고됐다며.

- [ ] **blame oneself for** …로 자책하다

  You shouldn't blame yourself for this. 이걸로 널 자책하지마.

- [ ] **walk sb to** …까지 걸어서 배웅하다

  You don't have to walk me home. 집까지 나하고 함께 걸어갈 필요없어.

- [ ] **be stressed out** 스트레스를 받아 지치다

  I'm so stressed out these days. 요즘 스트레스를 많이 받고 있어.

- [ ] **take a rest** 쉬다

  Do you need to take a rest? 쉬어야 돼?

□ **be on a first name basis** 이름 부르는 사이다, 친한 사이이다

Yes I do. We are on a first name basis. 어 그래. 우리 친한 사이야.

□ **have sth in common** 공통점이 있다

I don't think we have **anything** in common.

우린 공통점이 없는 것 같아.

□ **talk sb into~** …을 설득해서 …하게 하다

There's no way you're going to talk me into **this.**

날 설득해 그걸 하게 할 수 없어.

□ **for a while** 잠시동안   *__in a while__ 한동안

Let's go inside for a while. 잠시 들어가 있자.

I'm not sure. I haven't called him in a while.

잘 몰라. 한동안 전화 못했어.

□ **fix the problem** 문제를 풀다

*__fix the computer__ 컴퓨터를 수리하다

Can you please help me fix this problem?

이 문제 푸는거 도와줄테야?

I'll help you fix your computer. 네 컴퓨터 고치는거 도와줄게.

□ **remind** …을 기억나게 하다

*__remind A of B__ A를 보니 B가 생각나다

Let me remind **you.** 알려줄게 있어

□ **wash the dishes** 설거지하다

*__do the washing__ 세탁하다

I'll help you finishing washing the dishes. 설거지 마치는거 도와줄게.

I don't like doing the washing. 세탁하는 걸 싫어해.

□ **take A to+동사** …하는데 A가 필요하다

It takes an hour from here to get there.

여기서 거기 가는데 한 시간 걸려.

It takes courage to do so. 그렇게 하는데 용기가 필요해.

It takes balls to fight with Bob. 밥과 싸우려면 배짱이 있어야 되는데.

☐ **feel that way** 그렇게 생각하다

What makes you feel that way? 왜 그렇게 생각하는거야?

☐ **get sick** 아프다

I feel like I always get sick in the winter.

난 겨울엔 항상 아픈 것 같아.

☐ **have a chance** 기회가 있다

You probably feel like you don't have a chance.

아마 기회가 없다고 느낄지도 몰라.

☐ **get sb wrong** 오해하다

Don't get me wrong. I was just trying to help you.

오해마. 그냥 도와주려는 것뿐이었는데.

☐ **focus on** 집중하다

I'm just trying to focus on this. 이거에 집중하려고 하고 있어.

☐ **calm down** 진정하다

Look guys, try to calm down. OK? 얘들아, 진정해. 알았어?

☐ **make sb feel better** …을 기분좋게 하다

She was just trying to make you feel better.

걘 널 기분좋게 해주려는거였어.

☐ **listen to** …을 듣다

I like listening to classical music. 클래식음악 듣는 걸 좋아해.

☐ **ask sb out** ···에게 데이트 신청하다

I'm thinking about asking her out tonight.

오늘밤 걔한테 데이트신청할까 해.

☐ **answer the question** 질문에 답하다

You didn't answer my question. 내 질문에 답을 안했어.

☐ **travel overseas** 해외여행하다

Have you traveled overseas? 해외 여행해본 적 있어?

☐ **make a reservation** 예약하다

Have you made a hotel reservation? 호텔 예약을 해본 적 있어?

☐ **run the marathon** 마라톤을 뛰다

Have you run the marathon before? 전에 마라톤 뛰어본 적 있어?

☐ **be injured in a car accident** 교통사고나다

I heard that John was injured in a car accident.

존이 교통사고나서 다쳤다며.

☐ **tell the truth** 진실을 말하다   *tell a lie** 거짓말하다

Why didn't you just tell her the truth?

걔한테 진실을 왜 말하지 않았어?

☐ **have a fight** 싸우다

*get into a fight** 싸우다

*have an argument with** ···와 말다툼하다

Jill and I had a really big fight. 질과 내가 정말 크게 싸웠어.

Well, we got into a fight. 어, 우리 싸웠어.

Are you having an argument with her? 너 걔하고 다투었어?

☐ **cheat on** 커닝하다

You should be ashamed of cheating on your exam.
컨닝한 걸 수치스러워 해야지.

□ **have a baby** 임신하다
I'm talking about me having a baby. 내가 임신했다는 이야기야.

□ **go on** 일어나다, 벌어지다(happen)
What's going on? 무슨 일이야?

□ **turn down** 거절하다
I'm pretty sure I'm going to turn it down.
내가 거절하게 될게 분명해.

□ **feel free to+동사** 마음편히 …하다
I want you to feel free to have fun while you're on vacation.
휴가 때 마음편히 재미있게 보내.

□ **take A for B** A를 B로 보다
What do you take me for? 날 뭘로 보는거야?

□ **make no difference** 차이가 없다
It makes no difference to me. I am flexible.
뭘 해도 상관없어. 나는 다 괜찮거든.

□ **wait and see** 두고보자
Let's just wait and see what happens. 어떻게 되는지 일단 두고보자.

□ **go out on a date** 데이트하다
How would you like to go out on a date with me?
나랑 데이트 할래?

□ **see off** …을 배웅하다

How many people came to see you off?

널 배웅하러 몇사람이 나온거야?

☐ **be on the phone** 전화중이다

Where's Harry? His mom's on the phone.

해리 어딨어? 어머님 전화왔는데.

☐ **be in charge** 책임지다

Who's in charge? 누가 책임자야?

☐ **first of all** 무엇보다 먼저

First of all, let me check my schedule. 먼저, 일정 좀 보고.

☐ **know better than to+동사** ⋯할 만큼 어리석지 않다

You should know better than to let him know.

너 걔한테 그런 말 하면 안되는 줄은 알았을 것 아냐.

☐ **be on one's side** ⋯의 편이다

I thought you were on my side. 난 네가 우리 편인 줄 알았어.

☐ **stay out of~** ⋯에 가까이 하지 않다

I asked you to stay out of this. 이거 관여하지 말라고 했잖아.

☐ **be excited about~** ⋯에 흥분하다, 들뜨다

I am pretty excited about it! 정말 흥분되는데!

☐ **play computer games** 컴퓨터게임을 하다

I can't help playing computer games every day.

매일 컴퓨터게임을 하지 않을 수 없어.

☐ **have no choice but to+동사** ⋯하지 않을 수 없다

I have no choice but to pay her the money.

걔한데 돈을 갚을 수밖에 없어.

☐ **can't help but+동사** …하지 않을 수 없다
I can't help but think about Lisa. 리사에 대해 생각하지 않을 수 없어.

☐ **bump into** 우연히 마주치다(= run into = run across)
I keep bumping into you around here. 이 근처에서 자주 만나네.

☐ **as long as** …하는 한
Feel free to stay here as long as you like.
있고 싶을 때까지 마음놓고 있어.

☐ **don't hesitate to+동사** 주저말고 …해라
If there's anything you need, don't hesitate to ask.
필요한거 있으면 바로 말해.

☐ **pick out** …을 고르다, 선택하다
Feel free to pick out whatever you need. 원하는거 아무거나 골라.

☐ **miss the class** 수업을 빼먹다
Mother is angry because you missed the class.
네가 수업을 빠져 엄마가 화났어.

☐ **make somebody+형용사[동사]** …을 하게 하다
You make me happy[sick]. 네가 있어 행복해.[너 때문에 짜증난다.]
You made her cry! 네가 걔를 울렸어!

☐ **have sb+동사** …을 하게 하다(= get sb to+동사)
I'll have her call you back as soon as she gets in.
걔가 들어오는데로 전화하라고 할게.
I'll get him to apologize to you. 걔가 너에게 사과하도록 할게.

☐ **work overtime** 야근하다

I don't want to work overtime **every day.** 매일 야근하고 싶지 않아.

There's no way Kay will work overtime **this weekend.**

케이는 이번 주말에 연장근무를 할 수 없어.

☐ **turn in** 제출하다

I got him to turn in **the report.** 걔가 레포트를 제출하도록 했어.

☐ **count on** 믿다, 의지하다(= rely on = depend on)

Don't worry, you can count on **me.** 걱정마, 나만 믿어.

☐ **decide to+동사** …하기로 결정하다

I've decided to take a holiday and go to Paris!

휴가받아 파리에 가기로 했어!

I've decided to break up with her. 걔랑 헤어지기로 했어.

☐ **attend the meeting** 회의에 참석하다

*attend law school 법대에 다니다

My son decided to attend law school. 아들이 법대에 가기로 했어.

I really like attending concerts. 정말 콘서트에 가는 걸 좋아해.

Why are you attending our English class?

왜 우리 영어수업을 듣는거예요?

☐ **make a mess** 난장판을 만들다

You made a mess **outside of my house.**

네가 집 밖을 난장판으로 만들어놨어.

☐ **bother** 방해하다

I didn't mean to bother **you.** 방해하려는 건 아니었어.

☐ **can't afford to~** …할 여유가 없다

You can say that again. I can't afford to **stay there.**

그러게나 말야. 거기서 지낼 여유가 안돼.

□ **be afraid of~** …을 걱정하다
This is what I was afraid of**.** 이게 바로 내가 걱정했던거야.

□ **break one's leg** 다리가 부러지다
That's when I broke my leg**.** 그때 다리가 부러진거야.

□ **come to the party** 파티에 참석하다
Are **you** coming to my party**?** 내 파티에 올래?

□ **fall in love with~** …와 사랑에 빠지다
I'm sorry, but I fell in love with **another man.**
미안, 하지만 다른 남자를 사랑해.

□ **get even with~** …에게 복수하다
You broke my heart. I'll get even with **you!**
내 맘을 찢어놓았어. 갚아주고 말테다!

□ **get[be] late** 늦다
*__be late for__ …에 늦다
I'd love to, but it's really getting late**.** 그러고 싶지만 정말 늦었어.
I don't care if we are a little late for **the party.**
파티에 조금 늦는다고 해도 신경안써.

□ **apologize to A for B** A에게 B를 사과하다
Maybe you should apologize to **me.** 나한테 사과해야지.
Come on, I already apologized to you for **that.**
그러지마, 그 때문에 벌써 사과했잖아.

□ **waste one's time** 시간을 낭비하다
I'm sorry, but I've wasted your time**.**

미안하지만 네 시간을 많이 뺏었네.

☐ **get hurt** 상처받다
There is a chance you can get very hurt!
네가 아주 많이 아플 수도 있어!

☐ **lose one's way** 길을 잃다
Excuse me, I seem to have lost my way.
실례합니다, 제가 길을 잃은 것 같아요.

☐ **spread the gossip** 소문을 퍼트리다
You'll be sorry about spreading that gossip.
그 소문을 퍼트린 걸 후회하게 될거야.

☐ **get to the point** 요점을 말하다
Could you please get to the point? 요지를 말씀해주시겠어요?

☐ **have enough of~** …가 지겹다
What I'm trying to say is I've had enough of **this.**
내가 하려는 말은 이게 정말 지겹다는거야.

☐ **plan to+동사** …할 계획이다
I heard that you plan to **quit your job.** 직장 그만 둘거라며.

☐ **have math class** 수학수업이 있다
I think we'll have math class **this morning.**
오늘 아침에 수학수업이 있어.

☐ **I would rather+동사** 차라리 …하겠어
I'd rather not **tell you everything.** 네게 다 말하지 않는게 낫겠어.

☐ **be scheduled to+동사** …로 예정되어 있다

304

When is he scheduled to arrive at the airport?
그 사람이 공항에 언제 도착할 예정이니?

☐ **be in a good mood** 기분이 좋다
He seems to be in a good mood today.
오늘 보니까 걔 기분이 좋은 것 같던데.
I'm serious, she's in a really bad mood.
정말야, 걔 기분이 꽤나 안 좋은 것 같아.

☐ **come up** (어떤 일이) 생기다, 일어나다
We'll give a call if anything comes up. 무슨 일 있으면 전화할게요.

☐ **prefer A (to B)** B보다 A를 더 좋아하다
*prefer to+동사 rather than 동사 …하기 보다 …하겠다
I prefer to see action movies. 액션 영화보는게 더 좋아.
I prefer eating out in a restaurant to sitting around at home.
집에서 쓸데없이 시간보내는 것보다 레스토랑에서 먹고 싶어.

☐ **give a raise** 봉급인상을 해주다
*get a raise 봉급인상을 받다
I can't believe they didn't give us a raise.
봉급을 안 올려주다니 기가 막혀.

☐ **complain about[of]** …에 대해 불평[항의]하다
I'm here to complain about the noise. 시끄럽다고 항의하러 왔는데요.

☐ **ask sb for a favor** …에게 부탁하다
I'm calling to ask you for a favor. 도움 좀 청하려고 전화했어.

☐ **be allowed to+동사** …가 허락되다
I'm not allowed to drink. 나 술마시면 안돼.

□ **be supposed to+동사** …하기로 되어 있다

Stop that! You're not supposed to hit on your teacher.

그만둬! 선생님을 유혹하면 안돼.

□ **get a discount** 할인받다

*__give a discount__ 할인해주다

You'll get a discount if you pay in cash.

현금으로 지불하면 할인받으실 수 있습니다.

Can you give me any discount for paying cash?

현금으로 계산하면 할인해주나요?

□ **be around the corner** 길모퉁이에 있다, 바로 임박했다

It's just around the corner. 바로 길 모퉁이에 있어, 바로 임박했어.

□ **be on business** 출장중이다

I'm on business. 출장 중이야.

□ **instead of** …대신에

If it's okay with you, I'll take tomorrow off instead of Monday.

괜찮다면 월요일 대신 내일 쉬었으면 해.

□ **surf the internet** 인터넷 서핑하다

I wouldn't surf the Internet during business hours if I were you.

내가 너라면 근무시간 중에는 인터넷을 하지 않겠어.

□ **split the bill** 각자 부담하다

Let's split the bill. 각자 내자.

□ **be out of date** 구식이다

It's out of date. 구식이야.

☐ **scare sb** …을 놀라게하다
You're scaring me. 너 때문에 놀랐잖아.

☐ **be to blame** …가 비난받아야 한다
You're to blame. 네가 비난받아야 해.

☐ **be off (to)** (…로) 출발하다
I'm sorry! I must be off right now. 미안해! 나 지금 바로 나가야 돼.

☐ **be sick of~** …가 지겹다(= be fed up with)
I'm sick of this. 난 이게 지겨워.

☐ **promise to+동사** …하기로 약속하다
Do you promise to pay me back? 돈 갚는다고 약속하는거지?

☐ **have a bad attitude** 자세가 안 좋다
You have a bad attitude. 자세가 안 좋구만.

☐ **be fond of+명사[~ing]** …을 좋아하다
I'm fond of reading novels. 소설 읽는 걸 좋아해.